「勉強のコツ」シリーズ

小学校の「苦手な体育」を1週間で攻略する本

向山洋一 編／下山真二 著

PHP文庫

○本表紙図柄＝ロゼッタ・ストーン（大英博物館蔵）
○本表紙デザイン＋紋章＝上田晃郷

はじめに

跳び箱は10分以内で跳べるようになります。
逆上がりは1週間でできるようになります。
二重跳びは、
とびなわを変えるだけでできるようになります。

　跳び箱が跳べないで苦しんでいる子はたくさんいます。担任の先生が熱心に教えてもなかなか跳べるようになりません。

　しかし、本当は跳び箱は10分以内で跳べるようになります。

　逆上がりができないで苦しんでいる子もいっぱいいます。「とにかく練習して」とはっぱをかける指導がされていますが、サッパリ効果がありません。

　しかし、本当は逆上がりは1週間でできるようになります。

　二重跳びは、とびなわを変えるだけでできます。

　以上のことは、NHKテレビをはじめ10以上のテレビ局で特集された事実です。

　本書には、全国各地の教師が子どもたちと共につくり上げた体育の指導方法が書かれています。より有効な方法ばかりです。

　何千人何万人の子どもを、逆上がりや二重跳びができるようにした指導方法ですから、必ず効果があります。誰でも教えられます。親でもできます。

小学校の体育では数多くの種目を行います。
　当然できない子どもも出てきます。すると、その子どもはさびしい思いをすることになります。クラスで自分1人だけできなかったらなおさらです。
「みんなと同じようにできるようになりたい」
　このような願いは家庭に持ち込まれます。子どもはできないことを親に訴えるでしょう。
　さぁ、ここでお父さん、お母さんの出番です。
　跳び箱を跳べない我が子を、逆上がりができない我が子を、どうにかしたいと特訓を始めます。子どもも半分泣きべそをかきながらがんばります。
　でも、たいていの場合変化がありません。がんばっても、がんばってもダメです。
　今度はお父さんやお母さんが泣き出したくなります。
　生まれながらの能力だからと言い聞かせ、あきらめさせようとします。
　全国のどこかで毎日このような風景が繰り返されているに違いありません。

ポイントを押さえた指導で苦手種目がなくなる!

　本書は、こうした子どもたちを少しでも救えるようにと願ってでき上がりました。
　運動のポイントをはずした練習をいくらしても、時間の無駄(むだ)です。ポイントを押さえれば短期間でできるようになります。

「向山式開脚跳び指導法」で指導すれば、5分で跳び箱を跳ばせられます。
　この指導法は、前述した通り、NHKテレビの特集をはじめ、テレビや新聞等に何度も取り上げられ、私はあちこちに引っ張り出されました。
　「段階別台付き鉄棒による逆上がり指導法」も、NHKテレビの人気番組だった『トライ＆トライ』（現在番組終了）で取り上げられ、実際に番組の中で本書の著者である下山先生が指導されました。
　このような形で紹介された指導技術は、担任の先生は知らなくても親が知っているということが多いようです。
　お子さんのために、少しばかりの時間をさいて本書をお読みいただくようお願いいたします。
　私たちは体育の苦手な子を1人でもなくしたいと願っています。本書によって、1人でも多くの子が「できる」喜びを味わえたなら、うれしく思います。
　なお、本書では、跳び箱や鉄棒、マット運動の練習方法でレベルの高い技を紹介していますが、決して無理をさせないように十分にご配慮ください。
　最後に、今の小学校の体育ではこんなことをやっているということもわかるようにしましたので、子どもと直接関わりのない方でも楽しく読んでいただけると思います。

向山洋一

～ 小学校の「苦手な体育」を
　　　１週間で攻略する本 ～

もくじ

はじめに・・・・・・・・・・・・・・・・・・・・・・・・・・・　3

1日目　跳び箱は誰でも跳べる ・・・・・・・　11

① 開脚跳びは１０分でできる ・・・・・・・・・・・・・・・　12
COLUMN「向山式跳び箱指導法」と
　　　　　「教育技術法則化運動」　29
② かかえ込み跳びはウサギ跳びでラクラク ・・・　30
③ 台上前転はこうすれば怖くない ・・・・・・・・・　42
COLUMN「小学校のウルトラC、頭はね跳び」・・・　51

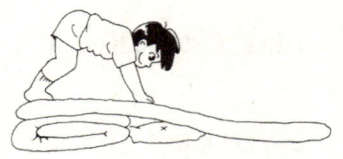

2日目 鉄棒なんか怖くない ・・・・・・・ 53

① 逆上がりは1週間でできる ・・・・・・・ 54
   COLUMN「段階別台付き鉄棒による
              逆上がり指導法」 ・・・ 70
   COLUMN「鉄棒の握り方」 ・・・・・・・ 73
② 膝かけ上がりはこうすれば痛くない ・・・ 74
③ 支持回転はこの方法で ・・・・・・・ 84

3日目 マット運動で忍者になろう ・・・ 95

① 前転・後転をなめらかに回るコツ ・・・・・ 96
② 倒立はここに注意する ・・・・・・・ 109
③ 側転は幼児でもできる ・・・・・・・ 116
   COLUMN「小学校器械運動はこう変わった」 ・・・・ 125

4日目 なわとびが10倍うまくなる ···· 129

① よい「とびなわ」を使うとうまくなる ···· 130
   COLUMN「とびなわを自作しよう」 ···· 141
② 初めての前回し跳びのコツ ···· 142
③ 二重跳びは誰でも跳べる ···· 148
   COLUMN「多回旋跳びを助ける
            トレーニングボード」 ···· 158

5日目 ちょうちょう背泳ぎですぐ泳げる ···· 161

① 水に慣れる指導 ···· 162
② 水に浮くコツ ···· 168
③ ちょうちょう背泳ぎで25m完泳 ···· 174
   COLUMN「着衣泳の経験を」 ···· 182

6日目 ボールはこう扱えばいい 183

① ボール投げがうまくなるコツ 184
② ボール受けがうまくなるポイント 190
③ ボール蹴りはこれでJリーグ級 196
COLUMN「小学校で使うボールあれこれ」...... 202

7日目 かけっこ1番の秘訣 205

① かけっこの常識のウソ 206
② かけっこで1番になる秘訣 209

資料 ・・・・・・・・・・・・・・・・・211

すぐに役立つプリント資料
- なわとびカード① ・・・・・・・・・・・・212
- なわとびカード② ・・・・・・・・・・・・213
- なわとびカード③ ・・・・・・・・・・・・214
- なわとびカード④（二重跳び専用）・・・215
- 水泳カード ・・・・・・・・・・・・・・・216

上達が早くなる教具
- 【携帯用逆上がり練習具】・・・・・・・・217
- 【とびなわ】・・・・・・・・・・・・・・218

プロの教師の指導法がわかるビデオテープ ・・・・219

おわりに ・・・・・・・・・・・・・・・・・220

編集協力　株式会社どりむ社
イラスト　かけ　ひろみ

1日目

跳び箱は誰でも跳べる

　体育嫌いをつくる原因の1つが、「跳び箱が跳べないこと」です。楽に跳べる子がいる一方で、大人になっても跳べないままの人もいます。
　たかが「跳び箱」ですが、子どもにとっては「跳び箱を跳ぶ」ことはとても大切なことなのです。

① 開脚跳びは10分でできる

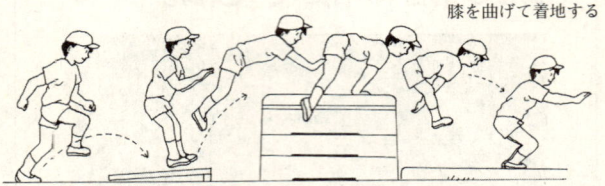

手は前のほうにつき、
体を支えておしはなす

膝を曲げて着地する

　体育の苦手な子がまず、つまずくのがこの「開脚跳び」です。開脚跳びというのは、馬跳びのように股を開いて跳ぶ普通の跳び方です。跳び箱の代表的な跳び方です。
　全国には跳び箱を跳べない子がたくさんいます。
　しかし、助走してきて跳び箱の上に座り込んでしまう子なら、10分以内で跳ばせることができます。
　指導法さえ知っていれば、誰にだってできることです。
　本文でその技術を紹介しましょう。

　その前に、開脚跳びについての問題を出します。
　考えてみてください。

問題1　なぜ跳べないのだろうか

　開脚跳びができないのはなぜでしょうか。
　跳べない原因を次の中から選んでください。
　いくつ選んでもかまいません。他に原因があると思えば、それをお答えください。

1 助走が短すぎる

2 踏み切りが弱い

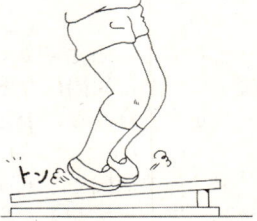

3 手をつく位置が悪い

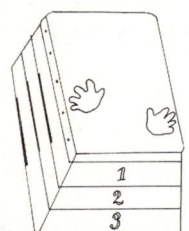

4 跳ぶことを怖がっている

問題1の解答

1、2、3、4のどれも跳び箱が跳べないことの主な原因ではありません。原因は他にあります。

- 助走が短すぎる
- 踏み切りが弱い
- 手をつく位置が悪い
- 跳ぶことを怖がっている

　どれももっともらしい理由です。これらの4つは、確かに少しは原因になっているかもしれません。
　しかし、跳べない大きな理由は他にあるのです。

　では何が原因でしょうか。
　その答えはみなさんといっしょに考えていきたいと思います。

　運動がうまくなる方法、できるようになる方法を知るためには、まず「なぜできないか」を考えることが早道です。
　運動の原理を分析するのです。
　ご安心ください。そんなに難しいことではありません。
　右の写真をご覧ください。
　跳び箱が跳べる子と跳べない子を比べたものです。

跳び箱に手をついたときの様子です。
この2人の違いはどこにあるのでしょう。

【跳べる子】

【跳べない子】

どこが違うかわかりましたか？
手をついている位置と肩の位置に注目しましょう。
跳べない子は肩が前に出ていません。
跳べる子は肩が十分前に出て、上体が前に乗り出すようになっているのがわかります。

つまり、跳べない原因はこれなのです。

跳べないのは腕を支点とした体重の移動ができていないから

跳び箱が跳べない子は「体重の移動」ができていないのです。
よくあるのが腕をつっぱって跳び箱の上に座り込んでしまうパターンです。何度やっても腕でブレーキをかけてしまうのです。
一方、跳べる子は、手で跳び箱を突き放す動作をしています。肩、つまり上半身はぐんと前に倒しています。
図でまとめると右のようになります。

【跳べる子】

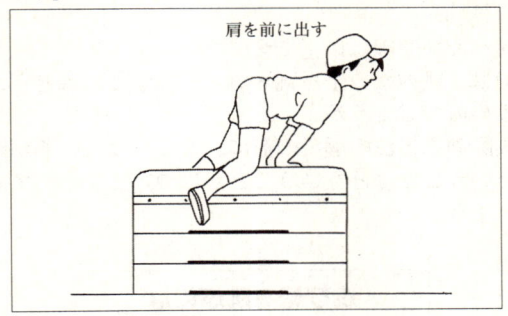

【跳べない子】

跳び箱を跳ぶために

跳べない原因は以上です。
では、跳べない子を跳べるようにするにはどうすればよいのでしょうか。
実際の練習法の解説の前に、もう一度跳び箱が跳べるということはどういうことかについてまとめておきましょう。

| 跳び箱を跳ぶには |

| 腕を支点とした体重の移動ができればよい |

跳び箱はこの方法で跳べる

　小学校のときを思い出してください。
「跳び箱は跳べなくてもいい。他のことでがんばればいい」となぐさめてくれた先生がいましたか。それとも、何日も何日も熱心に跳び箱の指導をしてくれて、最後には跳ばせてくれた先生がいましたか。そんな先生はきっと教育熱心でよい先生なのでしょう。
　しかし、残念ながらすぐれた指導技術を持つ先生とはいえないのです。
　なぜなら、

跳び箱は10分で跳べるようになる

はずだからです。

「10時間」ではないのです。「10分」です。
　10分というのも余裕をもった数字で、早い場合は3〜5分です。どうです。驚いたでしょう。

　前ページで説明した「腕を支点とした体重の移動ができればよい」という、跳び箱を跳ぶときの原理をもとにした指導法なら、短時間で跳ばせることが可能になるのです。

跳び箱練習法A式（体重移動の体感）

 それでは、さっそく「10分で跳べるようになる開脚跳び練習法」を紹介しましょう。この「開脚跳び練習法」はA式とB式の2つがあります。
 必ずA式を最初に行い、これが確実にできるようになってから、次のB式に進んでください。ここが重要なポイントです。

【跳び箱練習のポイント】
 A式の練習→A式習得→B式の練習→開脚跳び完成

 A式では、「腕を支点とした体重の移動」を体感させます。
 簡単にいえば、またがった状態になって腕の力だけで前に移動できればよいのです。
 そのとき、腕に全体重がかかって重心が前に移動しているはずです（言葉で説明すると何やら難しそうですが、気にしないでください）。

 では、練習法について説明しましょう。
 以下、お父さん（もちろんお母さんでも結構）が跳び箱の跳べないお子さんを教えているという場面を想定して話を進めていきます。

1日目　跳び箱は誰でも跳べる　21

「跳び箱練習法Ａ式」のやり方は次の通りです。

---

① 子どもを跳び箱の上にまたいで座らせます。最初はなるべく前のほうに座らせましょう。
② 跳び箱の端に手をついてお尻(しり)を上げ、跳び箱の前方に跳び降ろさせます。
③ そのとき体重が腕にかかるようにゆっくり行わせます。
④ 普通５、６回やれば、上手にできるようになります。

　家庭で行う場合は跳び箱がありません。そのときは、何かの箱を代用するか、大人が四つんばいになるかして行ってください。

跳び箱練習法Ａ式

1. 跳び箱の上にまたいで座る。

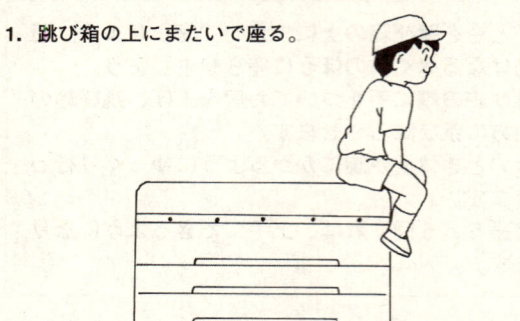

2. 腕に体重をかけて前に跳び降りる。

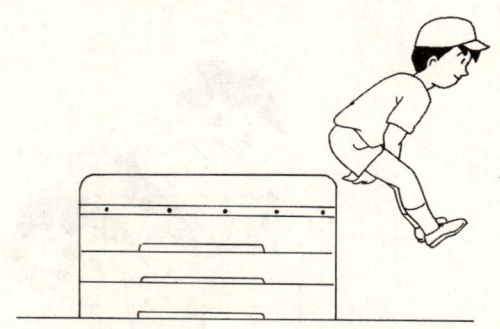

※跳び箱の高さの基準は、1学年につき1段です。たとえば、小学校3年生は跳び箱3段を使います。

跳び箱練習法B式(協応動作の習得)

　以上のA式だけでは、まだ跳び箱が跳べるようにはなりません。
　これから説明するB式をやってこそ、A式が活かされるのです。

　跳び箱を跳ぶというのは、次のような流れがあります。

助　走　→　踏み切り　→　着手(体重移動)　→　着　地

　走る、踏み切る、手をつく、体重を移動する、着地する、と短時間のうちにこれだけの運動(動作)を行っているわけです。
　これらは独立した動きではなく、それぞれ関係し合っています。これを「協応動作」と呼びます。
　これらの一連の動作がうまく流れないと跳ぶことができません。
　体重の移動と着地という終盤部分をA式の練習で行いましたから、そこへ上手につなげていこうというわけです。これがB式です。
　B式の練習は子ども1人ではできません。
　補助者が必要です。それも多少の慣れと技術がいりますから大人でないと難しいでしょう。

さぁ、お父さん先生、お母さん先生の腕の見せどころです。

がんばってください。

「跳び箱練習法B式」のやり方（補助法）は次の通りです。

---

① 補助者は跳び箱の横に立ちます。
（右利きなら子どもが右から助走してくるように立つ）
② 子どもは跳び箱の2〜3m手前から助走させます。
③ 跳び箱の手前で、跳んだ子どもの腕を補助者は左手でつかみ、右手を子どものお尻の下に入れて支えながら、お尻を前に送って跳び箱を跳ばせます。
④ 何回かやっているうちに、補助者の手にかかる体重が軽くなってきます。
⑤ 子どもが1人で跳べそうだなと感じたら、補助者はサッと手を引きます。

このB式を普通7、8回行うと、子どもは補助なしで跳べるようになります。

跳び箱練習法B式

1. 補助者は跳び箱の横に立つ。

2. 腕を片手でつかみ、お尻をもう片方の手で支えて跳ばせる。

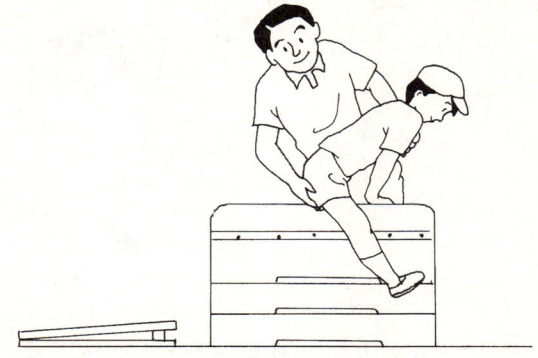

子どもの体重が重くて片手で支えきれない場合は、両手で行います。

　助走を長くしないように気をつけてください。最初は１、２歩の助走で十分です。

　両足をそろえて踏み切り、跳び箱の上に跳び乗ることができるなら、必ずすぐに跳べるようになります。

　跳び箱の上（できれば前のほう）にまたいで座るつもりでやればよいのです。

　補助者は必ず「その調子」「うまい！」「だんだん跳べてきたよ」など、声をかけてください。

　少し大げさなくらいにほめるようにすると、どんどんできるようになります。

どんどんホメルと、どんどんデキルようになる！

なかなか跳べない子のために

 ほとんどの子どもはこの練習法（A式・B式）で跳び箱が跳べるようになりますが、ときには、なかなか跳べるようにならない子もいます。そんな子は、たぶん、跳び箱の上にも乗れないはずです。
 このような子を跳べるようにするには、少し時間をかけて次のような練習をすればよいでしょう。

■踏み切りがうまくできない

 踏み切り板に両足をそろえて踏み切ることができていないときには、手をとって助走から踏み切りまでをいっしょにやってあげます。根気よく繰り返せば、次第に足がそろってくるはずです。

■スムーズに動きが流れない

 何といっても、跳び箱は「馬跳び」が基本です。小さな馬になってあげて、それを跳び越えさせてください。
 運動と運動の連結がうまくできない子は、跳び箱がすぐには跳べません。このような子はリズム感のある運動も苦手なはずです。たとえば、「ケンパー」ができないはずです。「ケンパー」とは、地面に円を描いて、「ケン、パッ、ケン、ケン、パッ」というように円の中を片足や両足で踏んでいく遊びです。
 簡単そうな運動に見えますが、リズム感がないとほとんどできないか、できてもドタバタとした感じになります。

また、リズム感の不足している子は、なわとびもうまく跳べません。
　まず、このような運動ができるようにリズム感を身につけることが必要です。リズム感などを含む基礎的な運動感覚は、通常、子どもたちの遊びの中で自然に身につくものです。しかし、昔から伝わるような遊びをしなくなった子どもの中には、その感覚を身につけないまま成長してしまう場合も多いようです。
　家庭や体育の授業の中で、さまざまな運動を体験させることが大切です。

COLUMN

「向山式跳び箱指導法」と「教育技術法則化運動」

　本書で紹介した開脚跳びの指導法（A式・B式）は、本書の編者である向山洋一氏の発案によるものである。

　向山式跳び箱指導法と呼ばれ、NHKテレビや新聞等で紹介された。向山氏の著書『跳び箱は誰でも跳ばせられる』（明治図書）という本に詳しい実践が紹介されている。1時間で跳び箱を跳ばせることができると断言したある有名な教師が、その技術を公開しなかったことに疑問を感じた向山氏は、自ら跳ばせる方法を解明し、発表した。

　そして、「跳び箱を全員跳ばせられることが、なぜ教師の世界の常識にならなかったのか？」と問い、さまざまな教育技術を教師の共有財産にしていく必要性を感じることになった。

　そのような経過から誕生したのが、向山氏を代表とする「教育技術法則化運動（現TOSS）」という民間教育研究団体である。全国に数千人の会員教師を有する日本最大の民間教育団体に成長し、エイズ教育、ボランティア教育、幼児教育、都市づくり教育、地球環境教育、EM教育、マルチメディア教育など、常に最先端の教育活動を推進している。

　本書で紹介する数々の教育技術や教具のほとんどは、この法則化運動の中で生まれ、多くの教師によって実践されてきたものである。「向山式開脚跳び指導法」については、『跳び箱は誰でも跳ばせられる』をビデオ化し、映像でわかりやすく解説されたものが安井電子出版より販売されている（詳しくは巻末付録の資料を参照）。

【TOSS（教育技術法則化運動）についてのお問い合せ先】
東京教育技術研究所
　〒142-0064　東京都品川区旗の台2-4-12　TOSSビル
　TEL 03-3787-6564　FAX 03-5702-2384

② かかえ込み跳びはウサギ跳びでラクラク

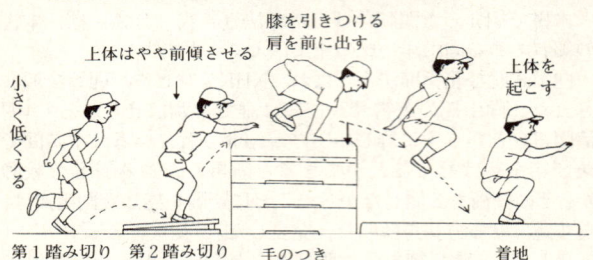

第1踏み切り　第2踏み切り　　手のつき　　　　　　　　着地

　「開脚跳び」がうまくできるようになったら、次は、「かかえ込み跳び」に挑戦してみましょう（難易度が高いので十分な配慮が必要です）。これは、開脚跳びに対する「閉脚跳び」と考えてください。

　つまり、両足を閉じた状態で跳ぶわけです。そのとき、体を丸めてかかえ込むようにすると「かかえ込み跳び」となります。最近ではこのような名称で呼ばれるようになっています。

　跳び箱を縦ではなく横に置くこともあります。というか、閉脚跳びでは跳び箱を横に置いて跳ぶものと思い込んでいる人のほうが多いようです。しかし、慣れると縦に置いたほうが断然跳びやすいのです。かかえ込み跳びは開脚跳びに比べてぐんと難易度が高くなります。ところが跳ぶ原理は開脚跳びとまったく同じなのです。どうしたら跳べるようになるか、考えていきましょう。

1日目 跳び箱は誰でも跳べる 31

問題2 跳ぶときに手はどこにつくか

縦に置いた跳び箱でかかえ込み跳びをします。
跳ぶときに跳び箱のどこに手をつけばよいですか。
次の3つから選んでください。

A 跳び箱の手前
B 跳び箱の中央
C 跳び箱の前方

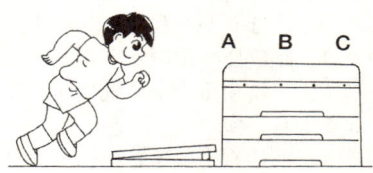

問題3 着手のときにどこを見るか

かかえ込み跳びで跳び越す場合、着手したときにどこを見るようにすればよいでしょうか。
次の3つから選んでください。

A 跳び箱に手をついたところ
B マットの先のほう（3〜4m先）
C 正面（10mほど先の床）

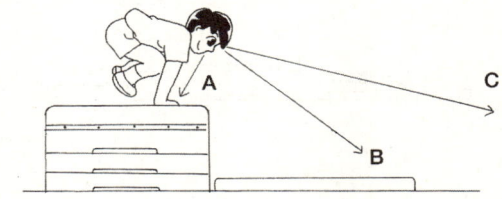

問題2の解答
C 跳び箱の前方

これは、開脚跳びでもまったく同じですね。

縦長のものを跳ぼうとするのですから、少しでも前方に着手したほうが有利となります。

つまり、踏み切り位置からなるべく離れたところに手をつくようにするのが原則です。このほうが跳びやすくなるからです。

わざと手前に着手して跳ぶ技もありますが、これは特殊で高難度の技となります。

問題3の解答

B マットの先のほう（3～4m先）

　実際に跳んでみて跳びやすいところを見つけるとよいでしょう（家庭でやってみるのは難しいですが……）。

　小学校の体育の授業での実践では、跳んで確かめたほとんどの子どもたちは「マットの先」を選びました。

　そこへ視線を向けることによってあごが突き出され、膝を胸に引きつけることができるようになるのです。

　逆に、下を向いたままだとあごを引くことになり、背中が丸まります。そうすると、上体は倒れすぎて前にのめりそうになるのです。これでは恐怖感をもつことになります。

　体育の授業で「どこを見るか」という指導が行われることがあります。

　視点を変えるだけで、動きも変わってくるものなのです。

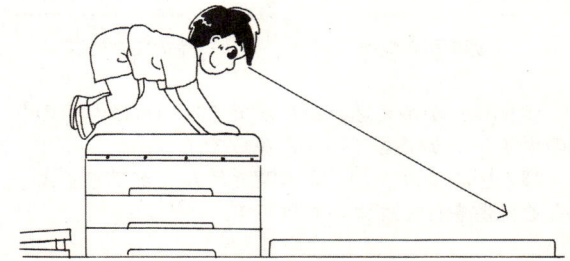

かかえ込み跳びのポイント

かかえ込み跳びのポイントは次の2つです。

① 膝の引きつけ
② 手の突き放し

【かかえ込み跳びのポイント】

　　膝の引きつけ　　　　　　手の突き放し

　つまり、かかえ込み跳びができないのは、上の2つのポイントができていないからです。
「膝の引きつけ」と「手の突き放し」ができるようになる練習を行えばよいわけです。

しかし、その練習へ進む前にちょっと待ってください。

その前に**基礎感覚づくり**をやってほしいのです。

基礎感覚づくり

跳び箱運動や鉄棒運動などができるようになるためには、いろいろな感覚を身につける必要があります。

つまり、「腕で体を支える感覚」「逆さになる感覚」などの基礎的な運動感覚です。

通常こういったものは、幼児期の遊びの中で身につけることができます。ジャングルジムやブランコをすることで自然に「腕で体を支える感覚」「逆さになる感覚」を学んでいくのです。

兄弟げんかで取っ組み合うという運動も、踏ん張る筋力を鍛えているのです。これは兄弟がいることのよさです。

外遊びが極端に少なかったり、友達との交わりが少なかったりすると、こうした感覚は育たないままになっています。

基礎感覚が身についていない状態で練習しても、技術の向上はあまり望めません。

遠回りのようですが、基礎感覚づくりをきちんとしておけば、さまざまな運動を行うときに役立ってきます。

一度に長時間行うよりも、短い時間でもかまわないので毎日行うようにしてください。

かかえ込み跳びのための基礎感覚づくり

次の5つの運動を準備運動代わりに毎回行うようにさせましょう。無理をしてはいけません。できる範囲でよいのです。

■**腕立て姿勢からの直立**（すばやく10回繰り返す）
腕立てふせの姿勢から伸ばした足をすばやく曲げて立ち、再び腕立てふせの姿勢に戻ります。これで1回です。

足を引きつけてかかえ込むための腹筋などを強くします。

■**カエルの足打ち**（3回打ち）
逆立ちのように両腕で支えて、上に振り上げた両足を打ちます。

1回、2回、3回……と打つ数を増やしていきます。

逆さ感覚と体を支える力を身につけられます。

■**2人組みで手押し車**（10m）
1人が腕立てふせの姿勢になり、もう1人がその人の両足を持って歩かせる運動です。10m進みましょう。足を高いところで持つと、腕で歩く人はきつくなり、腕を強くできます。

■腕立てふせの姿勢からの拍手（5回）

　腕立てふせの姿勢から手を突き放して、宙で手を1回たたきます。慣れてきたら、この運動を5回ほど繰り返してください。

　突き放しを強くします。大人でも難しいと思います。

■カエルの逆立ち（10秒）

　両手を床について肘をはり、両膝を肘に乗せるような感じで足を床から離します。10秒が目安です。

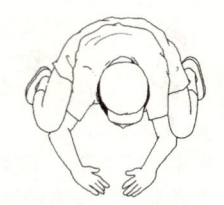

かかえ込み跳びは「ウサギ跳び」でバッチリ！

　かかえ込み跳びができるようになるための運動として最もよいのが「ウサギ跳び」です。両手を後ろに組んでしゃがんで跳ぶ、野球マンガでおなじみのトレーニングではありません。

　両足と両手が交互に床につくように前に跳びはねます。まさにウサギが走るように跳ぶやり方です。

　このウサギ跳びを行うことによって、床の上で腕支持と突き放しの体感を得ることができます。能力に応じて遠くに跳んだり、高く跳んだりすることもできます。高さがないので恐怖心を抱くことなく練習ができます。

　まず、この「ウサギ跳び」が正しくできるように練習することにしましょう。

正しいウサギ跳びのやり方

　間違ったウサギ跳びを何回練習しても役にたちません。少し難しいですが、説明をよく読んでやってみてください。

　まず、床を蹴って体を空中に投げ出します。
　できるだけ前方の床に手をつきます。このとき手をつくところを見るようにします。両足は振り上がっています。
　すぐ両膝を胸に引きつけて、手を突き放します。
　足が床についた瞬間には手を床から離し、前のほうに差し出します。体を起こして正面を見ます。
　手をついた位置か、それよりも前に着地するようにします。
　手→足→手→足の順に床につきます。「トン」で着手し、「パッ」で突き放します。「トン、パッ」のリズムで行うのがポイントです。このとき実際に「パッ」と声を出すようにして、正しい動きを意識させてください。
　手はなるべく遠くにつきます。小学校高学年の子どもなら10ｍの距離をウサギ跳び6〜7回で進むことができれば合格です。

かかえ込み跳びのステップ練習法

　ウサギ跳びが正しくできるようになれば、かかえ込み跳びもできるようになります。
　ウサギ跳び1回の跳躍距離が、身長の90％以上ならかかえ込み跳びは必ずできます。
　ウサギ跳びとかかえ込み跳びの運動の原理はまったく同じです。
　ただ、ウサギ跳びは平地で行うのに対して、かかえ込み跳びは跳び箱という高い位置に着手する違いがあります。
　ウサギ跳びをするときに着手する位置を少しずつ高くすることによって「跳び箱でのウサギ跳び」、つまり「かかえ込み跳び」ができるようになります。

　次のようにします。
　まず、1枚のマットの横幅を越えるようにウサギ跳びをします。1枚のマットができたら、2枚、3枚、4枚と重ねていきます。
　それができたら跳び箱を横にして跳ばせます。
　こうして少しずつ難しくしていきます。
　こうしたマットや跳び箱を使った本格的な練習は家庭ではできませんが、布団や座布団を使うなど、工夫してやってみてください。

第1段階　踏み切り板　第4段階

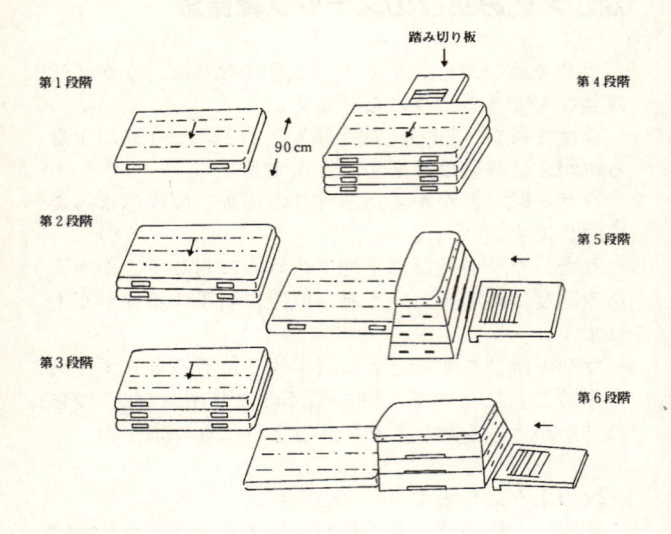

90 cm

第2段階　　　　　　　第5段階

第3段階　　　　　　　第6段階

第1段階	小マット1枚をウサギ跳びで越える。
第2段階	小マット2枚をウサギ跳びで越える。
第3段階	小マット3枚をウサギ跳びで越える。
第4段階	小マット4枚をウサギ跳びで越える。
第5段階	跳び箱3段横をかかえ込み跳びで跳ぶ。
第6段階	跳び箱3段縦をかかえ込み跳びで跳ぶ。

※それぞれ3回できたら、次の段階に進む。

うまくできなかったら、もう一度ウサギ跳びの練習（38ページ）にもどってやってみましょう。

思い切って突き放すのがコツです。

跳び箱が縦だと難しいでしょうか？

そんなことはありません。

同じ段の跳び箱なら、横よりも縦にしたほうが跳びやすいと言う子どもはたくさんいます。突き放しが強くできる子どもほど、縦にしたほうを跳ぶことを好むようです。

跳び箱が横だと、勢いよく跳ぼうとすると前につんのめりそうになる恐怖感が出てくるのです。縦（跳び箱を横にしたときの）の幅の狭いところに手をつく難しさもあります。

縦の跳び箱をかかえ込み跳びで跳ぶ爽快感は、開脚跳び以上なのです。

かかえ込み跳び（腕立て閉脚跳び）は、以前は小学校高学年くらいから授業で行われることが多かったのですが、今では小学校3年生から指導が行われています。

③ 台上前転はこうすれば怖くない

「台上前転」は、字のごとく「台上」で「前転」をします。つまり、高い場所で前回りができればよいということです。

この台上前転もかかえ込み跳びと同じく、高学年で指導されることが多かったのですが、今では小学校3年生から指導されます。

もっとも、低学年でもこの前段階の跳び箱遊びとして、少し高い位置での前回りを行ったりしています。

台上前転は、開脚跳びやかかえ込み跳びとまったく違う系統の技です。どこが違うかわかりますか。

開脚跳びやかかえ込み跳びは、「切り返し系の技」と呼ばれています。一方、台上前転は、「回転系の技」です。

オリンピックの体操競技で、おなじみの跳馬で行われているのはほとんど「回転系の技」ですね。

小学校で行われる台上前転は、マット運動にかなり近いものといえます。

この台上前転は、難易度が高くなっていますので、決して無理な練習をさせないよう十分な配慮が必要です。

なお、高学年では、「回転系の技」として新しく入ってきた「首はね跳び」「頭はね跳び」という技をやっています。詳しくはコラム（51ページ）をご覧ください。

問題4 頭のどこを跳び箱につけて回ればよいか

跳び箱で台上前転をします。
跳び箱の手前に手をついた後、自分の頭のどこを跳び箱につけるようにすれば、うまく回れるでしょうか。
次の中から選んでください。

1 まず最初に頭頂（頭のてっぺん）を台につけて、そのまま後頭部、首、背中がつくように回る

2 後頭部から台につくようにして、次に首、背中とつくように回る

3 頭はつけなくてもよい。首、背中をついてなめらかに回る

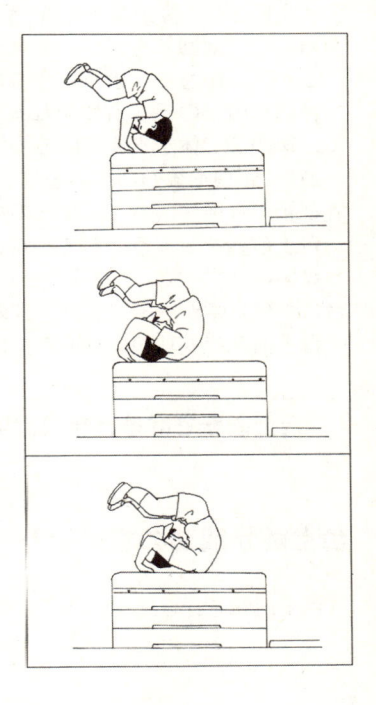

> **問題4の解答**
>
> **3**の「頭はつけなくてもよい」です。ただし、後頭部をつけて回る**2**が間違いというわけではありません。

　台上前転は、後頭部から首、背中と跳び箱につけて、なめらかに前回りを行います。

　しかし、頭をつけようとするのではなく、結果として後頭部の髪の毛が台に触れるという感じです。決して、後頭部で体を支えて回るのではありません。

　逆に、頭頂や後頭部で体を支えて回ろうとするから、跳び箱から横に落ちてしまうのです。

　台上前転をしようとして、跳び箱の横に落ちてしまう原因は、頭をつけて回ろうとしたためだったのです。台につけた頭が回転の方向を狂わせたのです。

　台上前転の成功のコツの1つはこれです。

> **台上前転で回るときに、頭を台につけない**

台上前転成功のポイント

　台上前転を行うときに大切なのは次のことです。

台の上で、まっすぐに前転する感覚を体感させる

　台上前転の流れをイラストで示すと次のようになります。

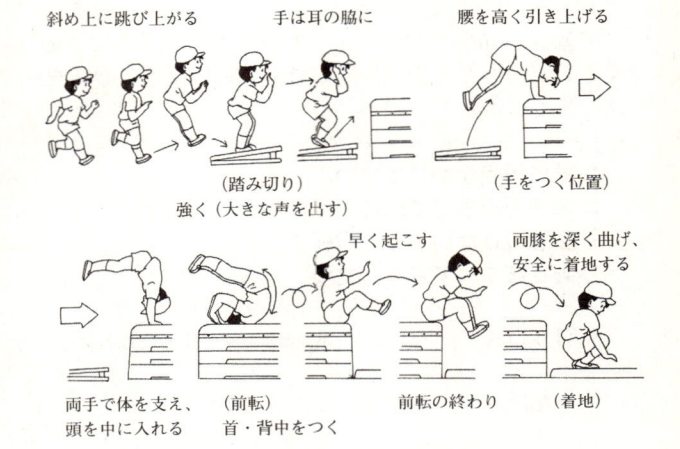

斜め上に跳び上がる　　　手は耳の脇に　　　腰を高く引き上げる

（踏み切り）　　　　　　　　　　（手をつく位置）
強く（大きな声を出す）

　　　　　　　　　　　早く起こす　　　　　　両膝を深く曲げ、
　　　　　　　　　　　　　　　　　　　　　　安全に着地する

両手で体を支え、　（前転）　　　前転の終わり　　　（着地）
頭を中に入れる　　首・背中をつく

　台上前転は、まずマットでの前回り（前転）が正しくできることが大切です。「前回り」の項をご覧ください（96ページ）。
　平地での前回りがぎくしゃくしているようでは、台上で回れるはずがありません。
　台上前転成功のコツは、とにかくなめらかな前回りです。前回りの練習に布団は不要です。畳で十分。畳上で体が痛いようだとどこかがおかしいのです。

段階別「台上前転」練習法

では、具体的な練習法に移りましょう。

【その1】 マットの上でまっすぐ前転する

マット（家では畳やマットレス）に、ビニールテープで幅50cmの2本のラインを引きます。長さは2mくらい（畳だと1畳分）にします。このラインの間を次のように前転します。

> ① 端に両足をつけて立つ。
> ② 両手をそろえて前につく。
> ③ 頭をつけないように前転する。
> ④ 両足をつけてさっと立つ。

前回りの後で、両足が2本のラインの間にあれば合格です。

できなければ、次のことに注意します。

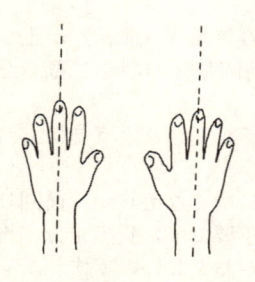

■手のつき方

指は軽くそろえて手の平全体をつけます。指はくっつける必要はありませんが、開きすぎないようにします。両手の中指がまっすぐ前を向くようにします。

■足の蹴り方

　両足はそろえて膝があまり開かないようにします。曲げた脚を伸ばすような感じで床を軽く蹴ります。左右同じ力で同時に蹴らないとまっすぐに回れません。

■頭のつけ方と回り方

　解答で説明したように、実際は頭をマットにつけないように心がけて回ります。頭を両腕の間に入れるようにして体を十分丸めます。後ろの髪がマットに軽く触れながら、首・背中・腰・お尻と順にマットについていくように回ります。

【その2】　重ねたマットの上でまっすぐ前転する

　先ほどと違うのは、立つ場所と手をつく場所の高さが異なるという点です。

　手をつく場所の高さというのは同時に回る場所の高さということですが、これが10cm高くなるだけで急に難しくなってきます。頭をマットにつけずに回るというのができなくなってきます。なぜこんなに違ってくるのでしょうか。

実は腰の位置が原因なのです。

頭をマットにつけずに両腕の間に丸め込むためには、腰を高く上げて両腕にしっかりと体重を乗せ、腕を伸ばすようにしなくてはなりません。重心はある程度高い位置になります。ところが、踏み切り位置と着手位置に段差があると、重心は低い位置のままで、腕は曲がったままとなります。ですから、高い場所での前転を可能にするには、両足で強く踏み切って腰を高く上げてやる必要があります。

つまり、これがポイントです。

両足で強く床を蹴って、腰を高く上げる

最初は、「トントン、トーン」というリズムで2〜3回反動をつけるようにするとうまくできるようになるでしょう。

回る場所（手をつく場所）をだんだんと高くしていって、自分の膝くらいの高さでも頭をつけずにくるりと回って立てればこの段階は合格です。

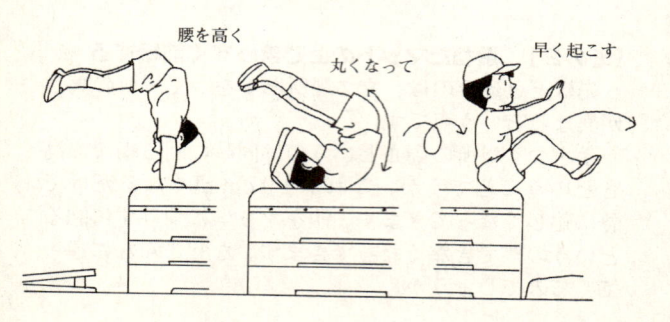

腰を高く　　　丸くなって　　　早く起こす

【その3】 低い跳び箱の上で回る

段差のあるマット上でまっすぐに回ることができれば、同じ高さの跳び箱の上でも回れるはずです。

2本のラインの間を回るのと違って、左右は崖っぷちといった感じでしょうが、今まで練習した通りにやればできるはずです。これも段階を追って少しずつ難しくしていきましょう。

1．跳び箱1段を2つ

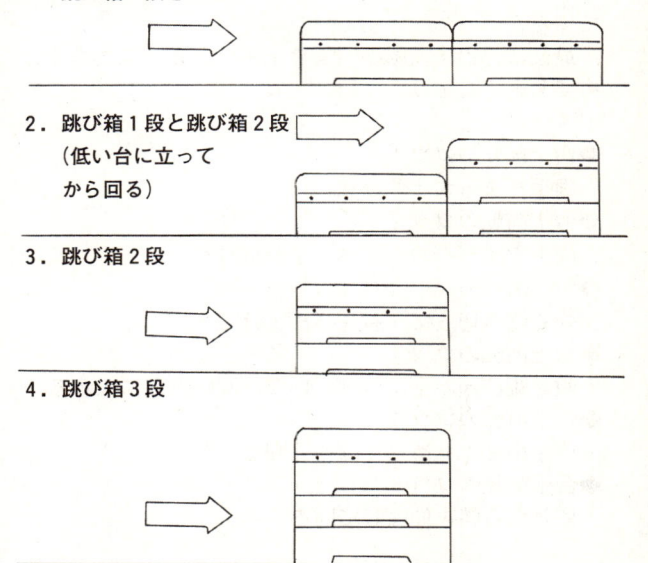

2．跳び箱1段と跳び箱2段
　（低い台に立って
　　から回る）

3．跳び箱2段

4．跳び箱3段

台上前転の完成

 どうです。できましたか? 跳び箱3段がきれいに回れればたいしたものです。
 段が増えて跳び箱が高くなれば、強く踏み切って腰を高く上げるようにすればよいのは、もうおわかりですね。
 回った後、跳び箱の端からお尻がはみ出して落ちないように跳び箱の手前に頭を丸め込むことに気をつけてください。
 最後に、台上前転が、より上手にできるコツをまとめておきましょう。

◆台上前転のコツ①
 両手をまっすぐ跳び箱につく
◆台上前転のコツ②
 両手を跳び箱のなるべく手前につく
◆台上前転のコツ③
 強く踏み切って、腰を高く上げる
◆台上前転のコツ④
 頭を跳び箱の上につけないで、両腕の間に入れる
◆台上前転のコツ⑤
 体を小さく丸めてすばやく回る
◆台上前転のコツ⑥
 慣れたら膝を伸ばして回る

COLUMN

小学校のウルトラC、頭はね跳び

「頭はね跳び」という、跳び箱の跳び方をご存じだろうか。

体操関係の方でないかぎり、ほとんどの方は何のことかわからないだろう。

それもそのはず、現在、実際に指導している小学校の教師でさえ、数年前までは見たことも聞いたこともない人がほとんどだったのだから。ということは、この本をお読みの大人は小学生のときに体育の授業でやっていないというわけだ。中には中学校や高校の体育でやった人がいるかもしれない。

次のイラストのような技である。

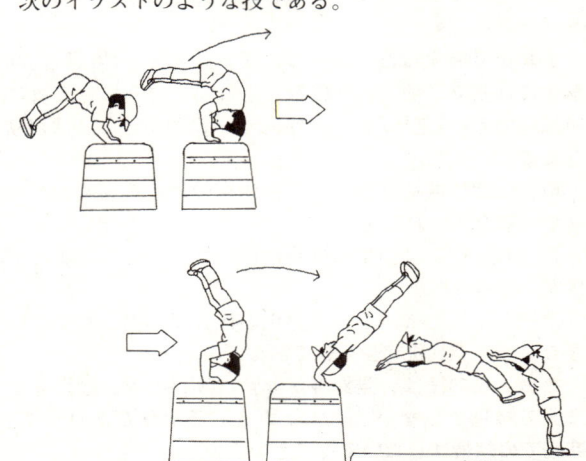

今どきの小学生は難しいことをやるなぁと感じられた方も多いことだろう。

　マット運動でも同様に、「首はねおき」「頭はねおき」という新しい技が入ってきている。

「首はねおき」というのは、仰向けに寝た状態から足を頭のほうから上方にはねるようにはね上げて、ピョコンと立ち上がる技だ。あぁ、それなら若いころできたぞ、というお父さんもいらっしゃるに違いない。

「頭はねおき」は、両手と頭を床について、前方に跳ね上がって立つという技だ。

　マットでやるこの「首はねおき」や「頭はねおき」を跳び箱上でやると、「首はね跳び」「頭はね跳び」というわけである。

　これが発展すると、頭をつけずに腕と体を伸ばして回転する「腕立て前方回転跳び」となる。さらに、これに屈伸を加えると昔のオリンピックに登場した「山下跳び」となる。

　現在の体操競技と同様、学校体育の技も難易度が高まっているというわけだ。

「頭はね跳び」は小学校体育のウルトラCといえるのではないだろうか。

　学校の先生方は、5・6年生の体育で指導しなくてはならないので、研究会をしてがんばっている。

　なお、この技は、難易度が非常に高いので、段階をふまえて練習をしないと、大ケガをする危険があります。家庭での練習はしないでください。

2日目

鉄棒なんか怖くない

　鉄棒も跳び箱と並ぶ「体育嫌いの子の苦手種目」です。

　跳び箱の開脚跳びや鉄棒の逆上がりができなくて、体育に苦手意識をもつようになった人は多いようです。

　大人になった今でも逆上がりができなくて、鉄棒を敵のように恨んでいる人もいらっしゃるようです。

　しかし、鉄棒も跳び箱同様、コツさえつかんで合理的な練習をすれば、必ずできるようになります。

① 逆上がりは1週間でできる

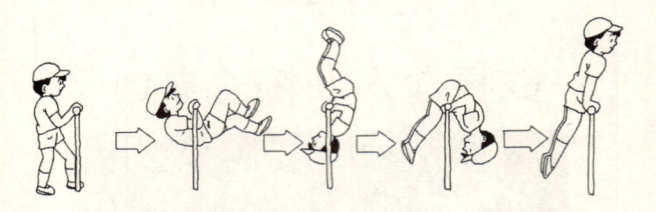

「逆上がり」は、逆さになりながら鉄棒の上に上がる技です。

誰もが知っている最もポピュラーな鉄棒の技ですね。そして、体育でまず、つまずくのが何といっても逆上がりです。

跳び箱は数分もあれば跳べるようになるとお話ししましたが、この逆上がりはちょいと難物です。

楽に逆上がりができてしまう幼児もいれば、逆上がりが1度もできたことがない大人もいます。

こんなに"できる、できない"がはっきりしてしまう種目もめずらしいくらいです。

ずばり、逆上がりができない理由を考えてみてください。

思い当たることが1つくらいはあると思いますが、一応、選択肢を作りましたので、考えてみてください。

問題5　なぜ逆上がりができないのか

逆上がりができない理由を下から選んでください。

1 体重が重すぎるから

2 腕を曲げていないから

3 体が反ってしまうから

4 足を上に振り上げていないから

5 逆さになるのが怖いから

> **問題5の解答**
>
> この中から1つ選ぶなら、**5**の「逆さになるのが怖いから」です。なぜなら他の4つの状態であっても逆上がりができることがあるからです。でも**1**から**5**のどれも原因の1つではあります。

「なぁんだ、結局全部が逆上がりのできない原因じゃあないか」と思われたことでしょう。

そうなのです。

逆上がりができない場合、原因がいろいろ組み合わさっていることが多いのです。

それだけに、跳び箱を跳ぶのと違って、逆上がりができるようにするには少し時間がかかります。

子どもによって、それぞれにできない原因が少しずつ異なるからです。

しかし、逆上がりができる原理というのは1つですから、そのポイントをはずさずに練習していけば、必ずできるようになるはずです。

少し話は難しくなりますが、しばらくがまんして読んでください。

逆上がりの原理

 逆上がりができるためにどのような動作が必要か知っておくとよいと思います。
 福井大学教授の吉澤正尹氏は次のように述べています。

> 〝逆上がり〟における重要な動作は、立位姿勢から逆さになるための〔肩の後方回転〕動作と鉄棒上にあがるための〔腰を鉄棒に近づける〕動作の二つであろう。
> …（中略）…
> 〔腰を鉄棒に近づける〕動作は、軸足での床の蹴りと逆脚での振り上げという、両脚のコンビネーションで得られる力によって、脚が床から離れる前に行われるため、〈肘関節の屈曲〉はこの動作には直接役立つものではない。
> 『楽しい体育の授業』誌 No. 19（明治図書）より

「肩の後方回転」と「腰を鉄棒に近づける」という2つが、逆上がりにおけるポイントとなる動作だということです。また、肘関節を曲げるという動作は、低鉄棒での逆上がりではそれほど必要ではなさそうです。
 つまり、鉄棒が腰より高い場合に、腕を曲げて腰を鉄棒に近づけるという動作が必要になってくるのです。ここまでを整理しておきましょう。
 次の2つができないと、逆上がりはできないということです。

【逆上がりのポイント１】肩を後方に回転させる
【逆上がりのポイント２】腰を鉄棒に近づける

「肩を後方に回転させる」というのは、立っている状態から後ろに倒れるということです。これは怖いですよ。試しに立った状態からそのまま後ろに倒れてごらんなさい。これは鉄棒を握っているからできるのです。

さらに、後ろに倒れた後は逆さの状態になってしまいます。

逆さの状態を極度に怖がる子がいます。

逆さ感覚が身についていないのです。この逆さ感覚というものは特に器械運動をする上で大変重要です。

普通は赤ん坊のときにだっこされたり、逆さにされたりすることを通して自然と身につけていくのですが、たまにそれがないまま成長する子もいます。

すると、小学校６年生でも鉄棒の前回り降りでさえできません。だっこをされるだけで怖がります。もちろん、マットの上での前回りや後ろ回りもほとんどできません。

さて、もう一つの「腰を鉄棒に近づける」です。

そもそも逆上がりというのは、逆さになりながら鉄棒の上に上がるということです。

体が鉄棒に上がっている状態というのは、腰が鉄棒の上にある状態です。鉄棒の上に乗っかっている状態です。

鉄棒より下にある腰を鉄棒より上に持っていくのですから、途中で腰を鉄棒に近づけなければならないのは当然です。

では、前ページのポイントをもっとわかりやすく書き直してみましょう。次のようになります。

【逆上がりのポイント1】上体を後ろに倒す
【逆上がりのポイント2】腰を鉄棒の上に乗せる

「**腰を鉄棒の上に乗せる**」では、あまりにそのものズバリでポイントではないかもしれませんね。

しかし、腕を曲げることも足を振り上げることもすべて腰を鉄棒に近づけ、鉄棒の上に乗せようとする手段なのです。

幼いときの逆さ体験が大切

逆上がり練習法

　子どもに逆上がりをできるようにさせるのは、小学校の教師にとってもなかなか大変なことです。逆上がり指導に熱心な教師が試行錯誤して、ある程度確実に効果が上がる方法を産み出しています。1日10分程度の練習をして約1週間というのが目安です。これで7～8割の子ができるようになります。練習方法を2つに分類して、名前をつけてみました。

> **段階別傾斜式逆上がり練習法**

> **段階別ベルト式逆上がり練習法**

「段階別傾斜式逆上がり練習法」は、傾斜させた板の上を駆け登るようにして逆上がりを行うものです。少しずつ傾斜角度を小さくしていって、最後には平地で逆上がりができるようにします。

　これはとても効果のある方法なのですが、用具がいろいろと必要になるので家庭ではやりにくいと思います。コラム（70ページ）で詳しく紹介しましたので、可能でしたらやってみてください。ここではもう1つの方法を紹介します。

段階別ベルト式逆上がり練習法

　これは、「腰を鉄棒に近づける」状態にすることで

逆上がりを行わせるために、補助具を使います。
　補助具を使った方法は昔から行われていました。ゴムチューブや柔道の帯、タオル等を使っていましたが、使いづらいものでした。
　最近ではワンタッチでベルトを止められて、安全で使いやすい補助具が発売されるようになりました。ところが、それらの補助具のほとんどは高価ですし、学校中心に売られていて一般にはなかなか手に入りにくいのです。
　私はそれらのよいところを活かしたまま、もっとコンパクトに使いやすくできるのではと考え、改良した補助具をつくってみました。
　この補助具を使えば、練習なしですぐに逆上がりが1人でできるようになります。今まで一度も逆上がりができなかった子にこの補助具を装着してやってもらうと、1回目でするっとできてしまいました。子どもは「アレッ？」という表情です。

ベルト式補助具を装着して逆上がりをする子

補助具をつければ確実に逆上がりができますが、まだ補助具なしではできるようにはなりません。
　補助具なしでもできるようにするために、ちょっぴり工夫をしてみました。
　両端のベルトに５色のラインを入れたのです。その秘密と詳しい使い方は次項でお話ししましょう。

　私が考案したこの補助具は、東京教育技術研究所（２９ページで紹介したTOSS関連会社）というところで製品化・発売されています。
　次のものです。

《携帯用逆上がり練習具》鉄棒くるりんベルト（詳細は217ページ）

　命名したのは私です。安全を考えてしっかりした作りにしたため、考えていたより若干(じゃっかん)高めとなりましたが購入しやすい千円台ででき上がりました。何と重さ百グラムという軽量を実現、よい仕上りとなりました。

これなら子どもが個人で持つことも可能でしょう。
　以下、この補助具の使用を前提に話を進めます。
　次のように使います。

> ① ラベルが見えるように青い布の部分を腰に当てます。
> ② ベルトの両端をそれぞれ鉄棒にかけます。
> ③ カチリと音がするまで左右の留め具を短いベルトの留め具に接続します。
> ④ 左右のベルトに縫い込まれている色線を目安にして、ベルトの長さが同じになるように調節します。
> ⑤ 鉄棒にかけたベルトの外側を握って逆上がりをします。

さて、この〈鉄棒くるりんベルト〉の使い方がわかったら、いよいよこれを使って、逆上がりの完成を目指して次の練習に入ります。

段階別ベルト式逆上がり練習法

逆上がりができるようにする方法の1つとして、この方法を考えました。

腰を鉄棒に近づけて脚を鉄棒の上に振り上げると、お腹が鉄棒に乗ります。つまり逆上がりができるわけです。

この「腰が鉄棒に近づいた」状態をつくるのが〈鉄棒くるりんベルト〉です。最初はベルトをうんと短くして鉄棒に体がくっつくくらいにします。

このベルトを使って逆上がりができたら、今度はほんの少しベルトを長くしてやってみます。

これもできたら、またベルトを長くします。

このように少しずつベルトを長くしていってもできるようになれば、最後はベルトがなくてもできるようになるはずです。

つまり、ベルトに頼らず、自分で腰を鉄棒に近づける動きができるようになるのです。

長さの調節がうまくいくように工夫したのが、先に述べた5色のラインなのです。左右のベルトの同じ色のラインにバックルを合わせれば、左右のベルトの長さが同じになりますし、上達の目安にもなります。

2日目 鉄棒なんか怖くない 65

〈鉄棒くるりんベルト〉を使った「段階別ベルト式逆上がり練習法」は次のように行います。

① 最も低い鉄棒を使います（へその高さがよい）。手は鉄棒を順手で握ります。ベルトは短くします。
② 〈鉄棒くるりんベルト〉を使って、3回逆上がりができたら目盛りを1段階ずらしてベルトを伸ばします。
③ 少し長くなったベルトで逆上がりが3回できたら、同様にもう1段階ベルトを伸ばします。
　　うまくできなくなったら、ベルトを1段階短くします。
④ ベルトが最も長い状態になったら、ベルトに体重をかけないようにして逆上がりをします。
⑤ 最後にベルトなしで逆上がりをします。そのときには腕をしっかり曲げたまま行います。

この〈鉄棒くるりんベルト〉は、鉄棒のあるところならどこでも、いつでも、手軽に練習ができるのがよいのです。

親と子が公園で練習するのにとてもよいと思います。

逆上がりができるようになるための運動

 小学校では、「逆上がり」などといった、運動教材とつながりのある運動を用意し積み重ねていくように指導していきます。すると、無理なく、複雑な運動でもできるようになります。そのような運動を筑波大附属小の林恒明氏は「兄弟運動」と名付けています。

 逆上がりの練習に入る前や並行して行うとよい兄弟運動を選んでみました。逆上がりの練習に入る前や逆上がりの練習と共にやるようにしてください。

1. ダンゴ虫（持久懸垂）

 ダンゴ虫（持久懸垂）のやり方は次の通りです。

 あごを鉄棒より上になるようにして腕を曲げ、足を地面から離して止めます。この状態でがまんします。

 これで逆上がりを行う上で必要な、持久懸垂力や腹筋を鍛えることができます。あごが鉄棒から下がるか、足が地面につくまでのタイムを記録するようにしましょう。最初は０秒（つまりまったくできない）でも、毎日行うごとに持久懸垂のタイムは少しずつ伸びていきます。

逆上がりができる子のほとんどは、持久懸垂が10秒以上できます。逆にいえば持久懸垂が10秒以上できればよいのです。
　実際に逆上がりの練習をしながら毎回持久懸垂のタイムを計っていくと、持久懸垂が10秒前後できるようになったときに逆上がりもできるようになっています。具体的な数値を目標にすると意欲がわきます。「ダンゴ虫が10秒できたら逆上がりもできるよ」と励ましてください。

2．鉄棒での前回り降り

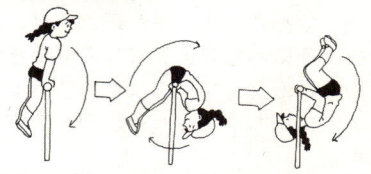

　鉄棒に上がって腕立てになった状態から、前回りで回って降ります。そのとき頭が下がって、一瞬逆さになります。
　逆さ感覚ができていないと、怖くてできなかったり、なめらかに回れなかったりします。
　うまくできない子どもは、体を「く」の字に曲げさせ、ももの後ろを押さえてゆっくり回らせてください。

3．お父さん回り

　幼児から1年生くらいまでの子なら、次に紹介する「足抜き回り」と同じ運動を大人の援助でできます。

大人は多少腕力が必要なので、「お父さん回り」と名付けることにします。

子どもと大人が向かい合って両手をつなぎ、子どもは大人にぶら下がるような格好で後方に回ります。最初は大人の膝や体に足をかけてかけ上がり、腕の間を抜くようにします。

慣れてきたら、両足で地面を蹴ってくるりと宙返りのような感じで回ります。**手が離れたり、腕がねじれて痛めないように持ち方を工夫してください。**

子どもの手首の近くを持つようにするとよいでしょう。足を上方に持ち上げるための腹筋を強くすることができます。

4. 鉄棒での足抜き回り

胸くらいの高さの鉄棒を使います。まず順手で握り、鉄棒にぶら下がるように腰を低くします。次に足を持ち上げて足の裏を鉄棒にかけて、両足を両腕の間に通します。そのまま後方にくるりと回って、静かに着地します。慣れたら、足が鉄棒に触れないように両足をそろえて回ります。

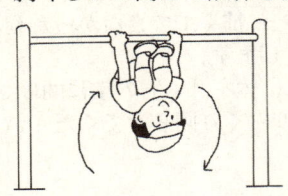

5. ジャングルジムでの逆上がり

逆上がりと同様の運動を、比較的やりやすい器具を使って体感することができます。

「ジャングルジムでの逆上がり」ではジャングルジムを使って逆上がりをします。向かいの横棒に片足をかけて逆上がりをします。高さが低く、足をかけられるのでやりやすいのです。ただし、頭をぶつけないように十分気をつけて行ってください。

6. ブランコの柵での逆上がり

「ブランコの柵での逆上がり」は、ブランコを囲っている低い柵を使います。鉄パイプが太くてやりづらいですが、近くに適当な高さの鉄棒がないときには代用できます。このときは、逆手で柵のパイプを持って行うとよいでしょう。親指を無理してかける必要はありません。

以上の練習は1日に行う回数や時間を多くしてもそれほど意味はありません。それよりも毎日きちんと続けることが大切です。がんばってください。

COLUMN

段階別台付き鉄棒による逆上がり指導法

　昔から全国各地で数多くの教師によって、逆上がり指導法が試行錯誤されてきた。

　しかし、今まで、どのような方法をどれだけやれば、何名ができるようになるのかをはっきり示した報告はほとんどなかった。

　しかし、山口県の小学校教師、飯田勝己氏によって指導技術を分かちあえる報告がされた。

「飯田式段階別台付き鉄棒」による実践である。

　それを千葉県の小学校教師、根本正雄氏がさらに改良整理し、「飯田・根本式逆上がり指導法」として完成させた。

　この方法はまたたく間に広がり、全国各地で行われるようになった。

　根本氏は著書『さか上がりは誰でもできる』（明治図書）をはじめとする数多くの著書や論文で実践を詳しく報告している。

　NHKの人気テレビ番組『トライ＆トライ』（1987年9月28日放送）にも取り上げられた（番組の中での指導は私が担当させていただいた）。

　跳び箱と踏み切り板、または、それに代わるものが必要となるが、1日10～20分、毎日の練習で約8割の子どもが1週間以内に逆上がりができるようになる。

　可能な方はぜひ試していただきたい。

　段階別台付き鉄棒による逆上がり練習は次のように行う。

　なお、坂の傾斜を変えられるものならば他のものを使ってもよい。

【準備と方法】

「跳び箱」と「踏み切り板」を図のように組み合わせ、踏み切り板の傾斜を利用して逆上がりを行う。できるようになるにしたがって傾斜を緩やかにし、最後は平地で逆上がりができるようにする方法である。

《第1段階》……跳び箱三段に踏み切り板。
《第2段階》……跳び箱二段に踏み切り板。
《第3段階》……跳び箱一段に踏み切り板。
《第4段階》……二段目の木枠に踏み切り板。
《第5段階》……踏み切り板のみ。
《第6段階》……何もなし。

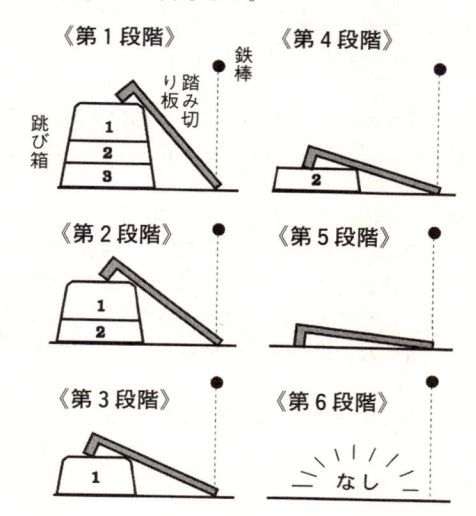

① 1つの段階が連続5回以上できたら次の段階へ上がる。
② 自力でできないときは、補助をして、回る感覚を身につけさせる。
③ ①と②を交互に繰り返していく。

段階別台付き鉄棒練習法の効果を根本氏は著書『さか上がりは誰でもできる』の中で次のように報告している。

対象人数	2595名
できない人数	638名(24.6%)
練習でできた人数	492名
できた割合	77.1%

逆上がりの達成率が約8割というのはすごいことだ。しかも何をどうやればよいかがはっきり示されているのである。

これで逆上がり指導技術は教師の共有財産となった。

なお、先に紹介した根本氏の著書の他に**『教育技術法則化ビデオシリーズ／さか上がりは誰でもできる』**(安井電子出版)というビデオも市販されているので参考にしていただきたい。解説及び指導は私が担当させていただいている。

詳細は、巻末の資料を参照していただきたい。

COLUMN

鉄棒の握り方

鉄棒の握り方には次の3種類ある。

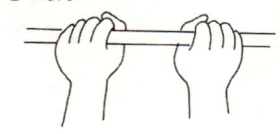

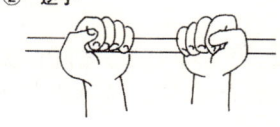

① 順手（じゅんて）

手の甲を上にして握る。

最もよく使われる普通の握り方で、逆上がりなどの後方回転系の技で使う。

② 逆手（ぎゃくて）

手の平を自分の方に向けて握る。

引きつけやすいので逆上がりに使う場合もある。両膝かけ前転や逆車輪等で使う。

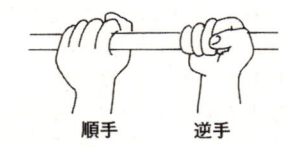

③ 片逆手（かたぎゃくて）

順手　　　逆手

片手が順手、片手が逆手で握る。鉄棒上で向きを変えるときや跳び越えるときなどに使う。

上のいずれの握り方でも、親指と四指をそろえるよう握ってはいけない。手が鉄棒から離れやすくなり、大変危険である。猿がするつかみ方なので、私は「サル手」と呼んで、子どもたちに注意している。必ず親指で鉄棒を包むようにする。

② 膝かけ上がりはこうすれば痛くない

「膝かけ上がり」というのは、その字のごとく膝を鉄棒にかけて上がる技です。片膝をかけて、もう片方の脚を振ります。

以前は「足かけ上がり」といっていました。足(foot)というのは正式にはくるぶしより先の部分のことですから、この名称だと少しおかしかったわけです。

膝かけ上がりは小学校4年生できちんと教わりますが、3年生でも「膝かけ振り上がり」という〝振り〟を中心とした初歩のやり方でやっています（後で述べる第1段階の方法です）。

（ 問題6 ） なぜ膝かけ上がりは、膝をかけて上がるのか？

　考えてみれば鉄棒の上に上がるのにわざわざ脚（leg）をかけるなんておかしいですね。
　体操競技でも鉄棒に膝をかけて上がったり、回ったりしたところを見たことがないでしょう。
　そこで問題です。
　膝かけ上がりで鉄棒に上がるのに、わざわざ片膝をかける理由はいったい何でしょうか。
　そうしたほうがよい点が何かあるのでしょうか。
　次の中から選んでください。

1 膝を鉄棒にかけると腰を鉄棒の上に上げやすくなるから

2 膝をかけて行う鉄棒技がなかったので、文部省（現文部科学省）が定めたから

3 上がったらすぐに回転の技に移れるようにするため

問題6の解答

1 「膝を鉄棒にかけると腰を鉄棒の上に上げやすくなるから」です。

　私が昔目撃したことをお話ししましょう。

　中学生の体操競技の小さな大会でのことです。今から考えると大変レベルの低い競技会でした。

　鉄棒の演技で、ある選手が鉄棒（もちろん高鉄棒です）にぶら下がったまま動きません。

　信じられないことですが、まるっきり何の技もできないらしく、鉄棒に上がれないでいるのです。つまり、逆上がりすらできないのです（念のために言っておきますが、中学生の体操競技の選手なら最低でも蹴上がりや大車輪くらい、普通はできます）。

　足が床に届かない高鉄棒での逆上がりは確かに多少腕力と腹筋のいる技ではありますが、逆上がりのできない体操選手が存在するとは思ってもみませんでした。

　その選手はぶら下がった後、どうしたと思いますか。

　なんと、脚をかけて「膝かけ上がり」を始めたのです。

　めでたく鉄棒に上がって腕立ての姿勢になったその選手は、次に前回りでゆっくり鉄棒から降りて、演技を終えたのでした。

　跳び上がりや逆上がりができないときでも、膝かけ

上がりを使えば鉄棒に上がることができるのです。
　鉄棒の上に何としても上がろうと考えたその体操選手が脚を鉄棒にかけたのは本能的な動きでしょう。
　膝を鉄棒にかければ脚で自分の体重を支えることができるので、腕だけの力でも上体を鉄棒の上に持ち上げることが可能です。

　子どものころに膝かけ上がり（当時は足かけ上がり）をさせられた経験をもつ方も多いことでしょう。
　短パンのむき出しの脚を鉄棒にかけて、体を何度も振っていると膝の裏が鉄棒にこすれて痛くなる。そんな経験から鉄棒嫌いになった人がたくさんいそうです。

　膝かけ上がり攻略のポイントは次の２つです。

> ① 膝が痛くないように工夫する。
> ② １回の振りで上がれるような大きな振りをする。

　何度も何度も振るから膝の裏が痛くなってイヤになってしまうのです。

「膝かけ上がり」の技術段階

「膝かけ上がり」というと初歩的な上がり技というイメージがありますが、膝かけ上がりにはいくつかのヴァリエーションがあり、むしろ逆上がりよりも難しいのです。

膝かけ上がりは技術の難易度によって次のような段階に分けることができます。第1段階と第2段階の膝かけ上がりができることを目標に練習しましょう。

【第1段階】

片膝を鉄棒にかけた状態から、振り足を前後に2、3回大きく振って上体を引き上げる(これが小学校で行われている初歩のやり方です)。

【第2段階】

片膝を鉄棒にかけた状態から、腕を伸ばして大きく1回脚を振り上げて、戻るときに手首を返しながら上体を引き上げる。

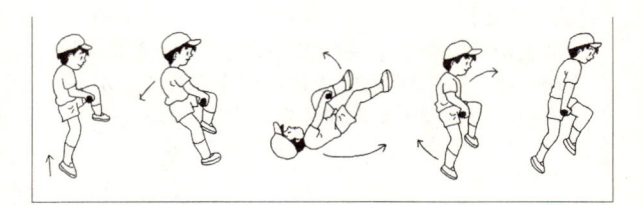

【第3段階】

片足裏を鉄棒にかけて立った状態から振り足を大きく振り出し、振り戻るときに鉄棒を足裏から膝に移して上がる。

【第4段階】

軽く跳び上がりながら足裏を鉄棒にかけて前へ振り出し、戻るときに鉄棒を膝裏に移して上がる。

―【第5段階】―
　蹴上がりの要領で腰を曲げて両足をそろえながら振り出し、振り戻るときに片足を入れて上がる。腕は最初から最後まで伸ばしたままとなる。

　鉄棒にかけるところを膝裏ではなく、ももまで深くかけると「ももかけ上がり」といいます。小学校高学年で指導されます。

膝の裏を痛めないために

　膝かけ上がりを行う上での障害の第一は、何といっても鉄棒にかけている膝の裏の痛みです。
　この痛みのためにできない子がいます。
　この痛みのために膝かけ上がりそのものが嫌いな子がいます。
　練習をしていて膝の裏が痛いと、ヤル気がなくなってきます。
　まず、思い切って練習できるように次のような補助具を用意しましょう。

- ぞうきんを巻きつけてガムテープで止める。
- トイレットペーパーの芯(しん)を横に切って鉄棒にかぶせる。
- 古い靴下の先を切って、膝サポーター代わりにする。
- ぞうきん大の布に面ファスナーをつけて、鉄棒に巻きつけて止める。……など

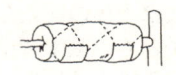

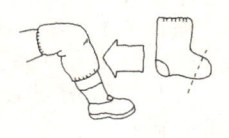

膝かけ上がりの練習

まず、膝を鉄棒にかけた状態から大きく振ることができるかどうかが重要な点です。

そのとき、肩を後方に十分に倒せない子どもが多いのです。

慣れないと後方へ倒れる恐怖感が強いのです。

振りが大きくなればなるほど、上体は逆さに近く後方に倒れ込みます。

まず、鉄棒に片膝をかけてぶら下がります。利き足が右なら左足をかけるようにするとよいでしょう。

子どもの肩を持ってゆっくりと押すように前後に揺らしてあげましょう。決して急に押してはいけません。少しずつ大きく振るようにします。

慣れてきたら、子ども自身で振り足を強く振り上げたり、振り下ろしたりさせます。

次は上体の起こしです。

子どもの腰や背中に手を当て、振りに合わせて上体を起こす手助けをします。

慣れてきたら振りの回数を少なくして、「1、2、ハイッ!」というような感じですばやく手を当てます。

大人の手が子どもの体に触れていると、子どもは安心します。

自分から大きく振れるようになれば、大人の補助を少しずつなくしていくようにしましょう。

振るときは腕をしっかりと伸ばし、振り足を上方に蹴り上げるように振ります。振り戻るときには遠くに足を落とすような感じで行います。

この「振り戻る」ときの動作が重要です。

「振り上げ」を意識しすぎると、そのまま逆上がりのように鉄棒の上に乗ってしまって、後方回転からの膝かけ上がりとなります。これは「膝かけ逆上がり」とでも呼べるでしょう。

振り戻るときにはかかとを下方に強く思い切って振り下ろします。その反動で上体が鉄棒から上にあがっていくのです。

大きな振りを少ない回数で

が原則です。

何度も繰り返し振っても効果は同じです。先に述べた補助具をつけていないと、膝の裏が痛くなるばかりです。

1度で一気に行うと前出の第2段階の技となります。

　また、腕力の強い子は力で無理に上がることができますが、これはやめさせましょう。「それは膝かけ上がりではないよ」と教えてあげてください。

　正しくできていれば腕力はほとんど必要ないのです。

　練習中には、次のようなアドバイスをするとよいでしょう。

　振りを大きくさせるときは、

空を蹴り上げなさい。

かかとを遠くに落としなさい。

　上体の引き上げのときは、手首を返しながら鉄棒を下に押さえるようにします。そのとき上体を前に倒して鉄棒の上に乗り出す感じで、肩が鉄棒よりも前にくるようにさせます。

鉄棒から乗り出して地面を見なさい。

まねき猫の手になりなさい。

　以上のことについて気をつけてやってみましょう。

③ 支持回転はこの方法で

　支持回転には、「前方支持回転」と「後方支持回転」があります。以前は、前方支持回転を「腕立て前転」、後方支持回転を「腕立て後転」という名称で呼んでいました。

　鉄棒に上がった状態（これを腕立て支持といいます）から前や後ろに鉄棒を中心に回転することを「支持回転」といいます。

　難易度からいえば、「後方」のほうが「前方」よりもやさしいようです。そのため現在の小学校では、後方支持回転は4年生から、前方支持回転は5年生から指導されています。後方支持回転を「空中逆上がり」と呼んでいる子どももいます。足を地面につかないで逆上がりのように回るからです。

問題7 前方支持回転をするとき、最初に上体は伸ばすか丸めるか。

　前方支持回転（腕立て前転）をします。
　いちばん最初に前へ倒れるときは体をどのような状態にしたほうがよいのでしょうか。
　次の2つの中から選んでください。

1 背中や脚を曲げて体を小さくし、鉄棒を中心に体を巻きつけるようにする

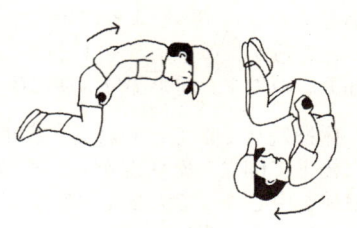

2 背中や脚を伸ばし、頭が鉄棒からなるべく離れたところを通るように前に倒す

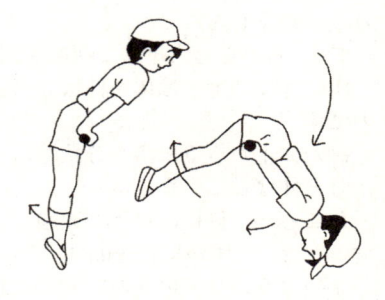

問題7の解答

2の「背中や脚を伸ばし、頭が鉄棒からなるべく離れたところを通るように前に倒す」です。

これは**1**を選んだ人が多かったかもしれませんね。

普通に考えると、マットで前回りをするように体を小さくするのがいいように思えます。

ところが、体を小さくするのは前方支持回転の後半部分なのです。前半部分は逆に体を伸ばします。

体操競技でよく行われる「大車輪」を例にします。鉄棒上で倒立した状態から、そのまま、前か後ろに、鉄棒を中心にして大きく回転する技です。

普通に考えると、重力で下に落ちたものが再び元の位置に戻るのはおかしいのです。摩擦などで上まで振り上がりません。

でも、ちゃんと大車輪で何度も回転していますよね。

実は体操の選手は体を伸ばしたまま回転していないのです。

確かに上から下に落ちる状態のときには全身をしっかりと伸ばしています。

ところが、鉄棒の真下を通過し、勢いで上がろうとするとき、わずかに腰を曲げ、全身をひらがなの「く」の字のようにしているのです。注意深く見ればわかります。大車輪のスピードが遅い選手の演技ならはっきりとわかります。

これは、下りる（落ちる）ときには体の重心を鉄棒から離して勢いをつけ、上がるときには体の重心を鉄棒に近づけてエネルギーを効率よく使おうとしているのです。

フィギュアスケートの回転で腕を体につけると回転が速くなるのも同じ原理です。

鉄棒に重心を近づけるためには全身の長さを短くすればよいのですが、まさか身長を変えることはできません。ですから、体を「く」の字にしたり、膝を曲げたりして調節するのです。

同様に、前方支持回転でも前に倒れるときには全身を伸ばし、上がるときには全身を丸めて鉄棒に近づけるほうがよいのです。

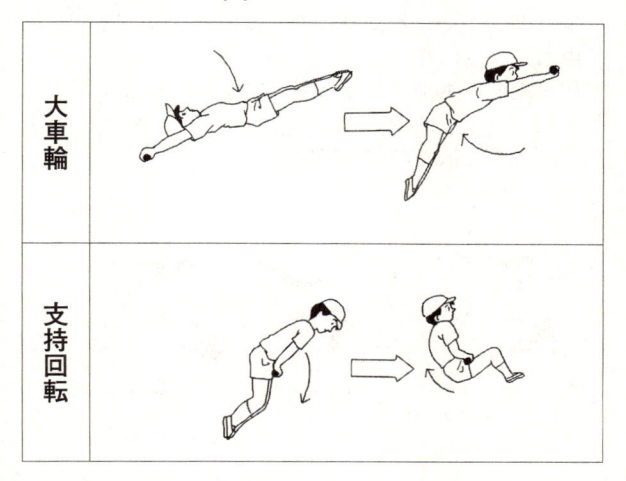

大車輪	
支持回転	

後方支持回転の練習

1．腕支持からの振り

鉄棒に上がって腕支持になります。

次に脚をそろえて前後に軽く振ります。

前方に振ったときは、同時に上体をやや前に倒して体を「く」の字にします。このとき肘は少し曲がってもかまいません。

後方に振ったときは、肘を突っ張るように伸ばして腹部を鉄棒から離すようにします。上体は前に倒してバランスをとりますが、背中が丸まらないようにしてください。

しっかりと胸を張って前方を見るようにします。

振りが大きくなるにつれて、腹部と鉄棒の間が大きく離れるようになります。

体が地面と水平になるまで大きく振れるようにしましょう。

5回大きく振れれば合格です。

2. 後方への回転

振りが完成したら後方に回転します。

後ろに振り上げた脚が振り戻ってきて腹部（下腹部）が鉄棒に当たる瞬間に、上体を後ろに倒します。同時に、腰と膝を曲げて脚を鉄棒に引きつけます。

最初に鉄棒に当たったところを中心にして回ります。

回転する前に何度も振ってタイミングをとる子をよく見かけますが、できれば最初から1回の振りで練習したほうがよいでしょう。何度も振ると鉄棒に当たる腹部を痛めますし、逆にタイミングがとりにくくなるようです。

何度か振る場合も最小限に止めます。3回、2回、1回と振る回数を減らしていきましょう。

うまく回れない原因の多くは回転時に腹部が鉄棒からずれたり、離れてしまうことにあります。

補助する場合は、「イ〜チ、ニ〜イ、サ〜ン、ハイッ！」と声をかけて、腹部が鉄棒に当たった瞬間に子どもの腰を鉄棒に軽く押さえつけたり、太ももを鉄棒に巻きつけるように回します。

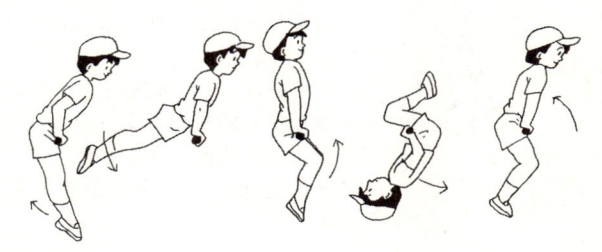

前方支持回転の練習

1．脚の振りは必要か？

結論から先に言いますと、

| 前方支持回転に脚の振りは不要 |

です。

後方支持回転と同様に何度も脚を後ろに振り上げてタイミングをとろうとする子をよく見かけます。しかし、脚を後ろに振り上げると体が反ってしまうので、前に回ろうとするタイミングが逆にとれなくなってしまうのです。

回転を始めるための姿勢を壊してしまっているのです。

前方支持回転をするためには、回転を始めるための姿勢をきちんととることが最も大切です。

2．回転始めの姿勢

・順手で鉄棒を握り、跳び上がります。
・肘をしっかりと伸ばし、肩を上げます。
・背中を伸ばし、胸を張ります。
・少しでも頭を高くするような気持ちで背伸びをします。
・あごを上げて、少し上を見ます。

3. 前方支持回転前半のコツ

　　　　　　　　　前方を見ながら、上体をゆっくり前に傾けます。重力で自然に倒れる感じです。頭がなるべく鉄棒から離れたところを落ちるように、腕を突っ張ります。

　上体の姿勢はそのままで加速度がついて落ちていくような感じがあれば合格です。頭が真下に来るまでそのままにします。頭が大きな弧を描きます。

　落ちる速度を速くしようとしなくてよいのです。物を落とすように自分の頭を落とすのです。鉄棒を強く握りしめていると回転にブレーキをかけてしまうので、少し手をゆるめます。

4. 前方支持回転後半のコツ

　　　　　　　　　頭が真下を通ったら、その瞬間に次のことをします。
・あごを引いて背中を丸めます。
・腰と膝を曲げて、鉄棒をはさむようにももを胸に近づけます。

　頭が鉄棒の高さより上がったら、手首をかえして鉄棒を腹に押さえつけるようにします。

5. 前方支持回転のしあげ
(1) 膝を伸ばした前方支持回転

膝を曲げてできるようになったら、少しずつ膝を伸ばしていって、膝を曲げない前方支持回転にも挑戦してみましょう。

膝の曲げがないと回転力がつかないのでとても難しくなります。腕もしっかり伸ばすようにします。

(2) 連続の前方支持回転

続けて前方支持回転を行うには、膝の曲げ伸ばしを回転に応じて行います。

つまり、上体が下がるときは膝を伸ばし、上体が上がるときは膝を曲げます。これを繰り返せばよいのです。

鉄棒を握る手はゆるめたままにします。

(3) 前方支持回転の補助

上体を上げるときに鉄棒から腹が離れてしまうのが失敗の大きな原因ですから、子どもの腰に手を当てて、鉄棒に押さえつけるようにします。

支持回転は補助ベルトで

　後方支持回転や前方支持回転を自分1人で行うことができるベルト式補助具を使えば、すぐに回転の感覚を体感することができます。回転することが楽しくなり、練習もはりきって行うようになります。
　ベルト式補助具には、身の回りの物を使う方法と市販されている鉄棒用補助ベルトを使う方法があります。
（1）タオルを使う
　回転の感覚を体感するには、坂井善久先生が考案した「タオル回り」が有効です。次のようにします。

【タオル回りの方法】
① タオルを腰に当て、両端をへその前で結ぶ。
② 鉄棒に跳び上がり、タオルといっしょに鉄棒を握る。
③ 上体を後ろに倒しながら、膝を曲げて回転する。

---

(2) 〈鉄棒くるりんベルト〉を使う

逆上がりの項で登場した〈鉄棒くるりんベルト〉がここでも威力を発揮します。

「段階別ベルト式支持回転練習法」とでも名付けましょう。前方支持回転も後方支持回転もベルトの使い方は同じです。次のようにします。

---

① 左右のベルトに縫い込まれている色線を目安にして、ベルトが最も短くなるように調節します。

② 鉄棒に上がり、ベルトの両端をそれぞれ鉄棒にかけて、左右の留め具を接続します。

③ ベルトの外側の鉄棒を順手で握って支持回転をします。

④ 〈鉄棒くるりんベルト〉を使って3回支持回転ができたら、目盛りを1段階ずらしてベルトを伸ばします。

⑤ 少し長くなったベルトで支持回転が3回できたら、同様にもう1段階ベルトを伸ばします。うまくできなくなったら、ベルトを1段階短くします。

⑥ ベルトが最も長い状態になったら、ベルトに体重をかけないようにして支持回転をします。

⑦ 最後にベルトなしで支持回転をします。

※危険がありますので、必ず大人が付き添って練習してください。
〈鉄棒くるりんベルト〉の入手方法は巻末資料をご覧ください。

3日目

マット運動で忍者になろう

　　子どもはふかふかの布団の上であばれるのが大好きです。
「デングリ返し」が楽しいのです。
　ところが、体育館のマットの上では顔を引きつらせます。
　ちっとも楽しくなさそうです。
　でも本当は、忍者のようにカッコよく回れることに、どの子もあこがれているのです。

① 前転・後転をなめらかに回るコツ

【前転】　動きの方向→

【後転】　動きの方向→

「前転」「後転」は、それぞれ「前回り」「後ろ回り」ともいいます。手の平で体を支えながら背中を丸めて、なめらかに前や後ろに転がる運動です。

学校では厚さ５cmほどのマットで練習しますが、家庭で行うときには固めのマットレスが学校のものに近くてやりやすいと思います。なければ、普通の敷き布団で結構です。

幼児期にこういったものの上で転がって遊んだ体験が、マット運動に必要な回転感覚や逆さ感覚を養っているのです。

3日目 マット運動で忍者になろう 97

問題8 前転の手のつき方はどれがよいか

前転（前回り）をします。
手をマットにつくときのつき方はどんなやり方がいちばんよいでしょうか。
次の中から選んでください。

1 指先はやや内側に。五指は軽く開く

2 指先はまっすぐ前。親指と人差し指の間だけを離す

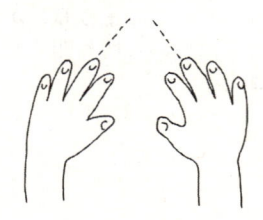

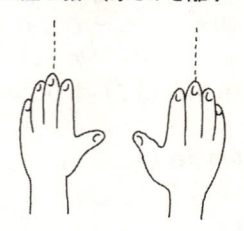

3 指先はまっすぐ前。五指は軽く開く

4 指先はやや内側に。親指と人差し指の間だけを離す

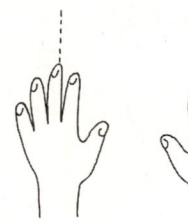

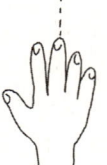

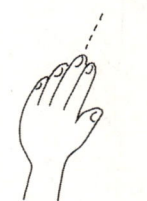

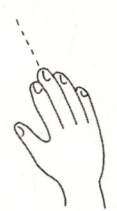

問題8の解答

3の「指先はまっすぐ前。五指は軽く開く」です。

「手のつき方」がそのまま技能の差として現れるわけではありませんが、マット運動全般に関わることですので正しく知っておいてください。

　指は自然に開いた形です。
　指をくっつけてしまうとやりにくいでしょうし、かといってジャンケンのパーのように思いっ切り開くと突き指をしてしまう恐れもあります。

【手のつき方】

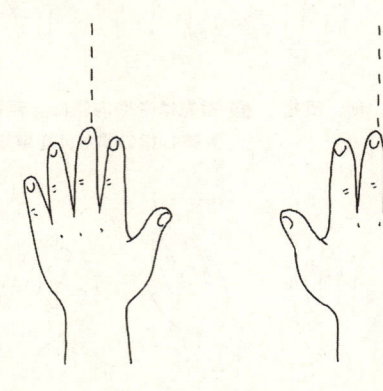

やはり、マットにつく手は適度に開いたほうがよさそうです。
　手の向きは、指が外を向くよりはむしろ内側に向くほうが危険がありません。また、内側に向けて「ハ」の字にしたほうが肘(ひじ)のバネを使ってショックをやわらげることができる利点もあります。
　しかし、前方と後方どちらにもすぐに対応するためにはまっすぐに手をつくようにしたほうがなにかと都合がよいのです。

両手の中指をまっすぐ前に向けて（中指が平行になるようにして）、軽く指を開いてマットにつく

と覚えておきましょう。
　なお、マットにつく両手の間隔は「肩幅」にします。
　狭すぎても開きすぎてもやりにくくなります。

　マットに手をつくとき、指の部分だけをマットにつく子どもがいます。
　これは非常に危険です。
　突き指はおろか、運が悪いと指の骨を折ってしまうこともあります。
　手の平全体をきちんとマットに当てるようにしてください。

まず前転への基礎運動を

 前転そのものの練習に入る前に、その基礎となる兄弟運動からやってみましょう。

 前転だけでなく、次の後転やその他の技にも大切な動きです。

 このように基礎運動から少しずつ段階的に動きを身につけていくと無理なくできるようになります。

1．四つ足歩き・ウサギ跳び・カエルの足打ち

【四つ足歩き】　　【ウサギ跳び】　　【カエルの足打ち】

 いずれも腕で自分の体を支えることができるようにする運動です。器械運動はまず自分の体を支えられることが基本です。

 四つ足歩きは手と足をついて歩きます。動物の歩き方です。

 ウサギ跳びのやり方については38ページをご覧ください。

 カエルの足打ちは、両手を床について両足を蹴り上げ、空中で足を打ちます。「跳び箱」のところ（36ページ）でも紹介しました。

2. ゆりかご

あごを引き、膝をかかえてすわります。
膝と胸が離れないように後ろに転がります。
そのまま前後に、ゆりかごのように揺らします。
これでスムーズに転がる感じをつかむようにします。

3. ゆりかごからの起き上がり

ゆりかごを2〜3回行った後、膝をかかえ込み、上体をすばやく起こしてしゃがんだ姿勢になります。
これができたら、今度は一気に立ち上がるところまでします。
手はマットにつかないように注意してください。
うまくできないときは、子どもが起き上がるときに腰を後ろから軽く押すように補助してください。

前転は頭をつけずに丸くなれ

ここまでできたら、いよいよ前転の練習に入ります。

器械運動ではよい動きのイメージをつかむことが大切です。

次に示した上手な前転のフォームを頭に入れておきましょう。

この「前転」は、あくまで最高の目標です。

ここでは、とりあえず次のことができるようにしていきましょう。これは「後転」についても同じです。

① まっすぐ回れる。
② なめらかに回れる。

このことを目標に練習していきます。

手のつき方や腰の上げ方などについては「台上前転」の「マットの上でまっすぐ前転する」（46～47ページ）のところで説明しましたので、そちらをご覧ください。

前転は頭をつけずに丸くなれ。

　前転のコツは、ズバリこれです。
　前転がまっすぐ前に回らないで横に倒れたり、左右に曲がってしまう原因は大きく2つあります。
　1つ目は、腕力が弱く、両腕で均等に支えられない場合です。
　2つ目は、マットに頭のてっぺんをつけてしまう場合です。
　マットに頭をつけて、逆さになった体を支えてしまうとそこから回転の方向が変わってしまいます。右や左に倒れてしまうわけです（「台上前転」の項を参照してください）。
　ですから、まず後頭部をマットにつけて、次に首、背中、腰とつけて転がるように指導するのが普通です。
　ところが、「後頭部（後ろ頭）をマットにつける」という状態は難しいのです。運動の苦手な子にはよくわかりません。
　ここはむしろ次のように言ったほうがうまくできます。

頭をマットにつけないで回りなさい。

　このようにさせると、子どもの後頭部が軽くマットに触れるか髪の毛が触れる程度になります。
　体重はしっかりと両腕で支えていますから、肩口から背中にかけてマットにやわらかく接することができるのです。

回り終わったら"キョンシー"に

マットレスや座布団で次のような練習場を作ってください。

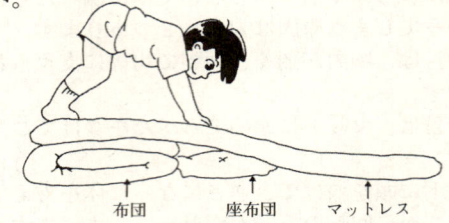

↑布団　　↑座布団　　↑マットレス

この坂の上から前転をします。立つ場所と手をつくところを同じ高さにしないと腰が上げにくくなりますので注意してください。なお、慣れてきたら傾斜を小さくしてください。

両脚をしっかりと曲げ、体を小さく丸めて回ります。

坂の上からボールがゆっくりと転がり落ちるような感じです。

1回転したら、両足をそろえてさっと立ちましょう。

立つときに手をついてはいけません。

立ったときに両手は前に差し出します。

「前転した後は、"キョンシー"になってごらん」

このアドバイスで、立ち上がった後、両手を前に出してピョンピョンと両足跳びをしていきます（映画で「キョンシー」を見たことがあればですが）。

後転は丸くなる運動から

後転をするためには、とにかく体を小さく丸めることが大切なポイントとなります。

前転の場合は多少体が硬くても、とりあえず体が前に倒れますが、後転はそうはいきません。体を伸ばしたままだと、つっかえて回転しません。

次のような運動をまずやって、体を慣らしましょう。

1. 仰向けからの両足つけ

仰向けに寝て、両脚を伸ばして上に持ち上げます。そのまま両脚を頭のほうに降ろしてつま先を床につけてみましょう。両腕は横に出して体を支えます。

そのままの状態でいられますか。

これがラクにできるようになったら、つま先を床につけたまま体を左右に振ってみます。

これもできるようでしたら、膝を曲げて両膝を床につけます。これができるようなやわらかい体なら後転ができたも同然です。

2．ぐにゃり後転

　手をつかないで肩越しに後ろへ回る練習です。

　後ろに倒れたとき、頭を左か右に傾けて肩から回ります。

　腕や体に力を入れないで、軟体動物になったようにぐにゃりと自然に回転します。

　両腕は横にだらりと出したままで行います。

3．うさぎのゆりかご

「前転」のところで練習した「ゆりかご」と同様のやり方でいいのですが、手は耳の横に構えます。うさぎの耳のようなので「うさぎのゆりかご」と名付けました。この手の構え方は次項で説明をします。

　体を丸めたまま後ろに大きく倒します。このとき手の平が床についたら合格です。

「うさぎのゆりかご」をしながら、次第にはずみをつけ、両足で床を軽く蹴るようにすると、両脚が頭を越えて後ろに回ります。両腕で体をしっかり支えてやると「後転」となります。

天井を持ち上げる手で後転

　後転で難しいのがこの手のつき方です。
　「おそばの出前のように」という指導がありますが、今の子にはこんな言葉はほとんど通用しません。
　私は次のように言っています。

手の平で天井を持ち上げるマネをしてごらん。そのまま親指を耳につけてごらん。この形のまま回るんだよ。

さらに、次のように言います。

手の平がマットについたら、マットを押して顔から離しなさい。

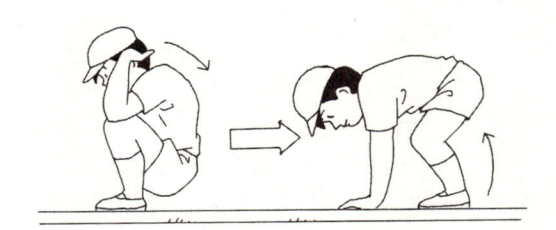

いよいよ後転（後ろ回り）の完成です。

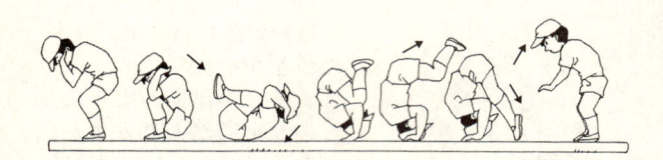

後転のポイントは次の通りです。

① 回転スピードをつける
② マットに手の平全体をまっすぐにつく
③ マットを押して起き上がる

あごをしっかり引いて、自分のへそを見るように体を丸めます。
脇をしめて、肘をなるべく上にあげるようにします。

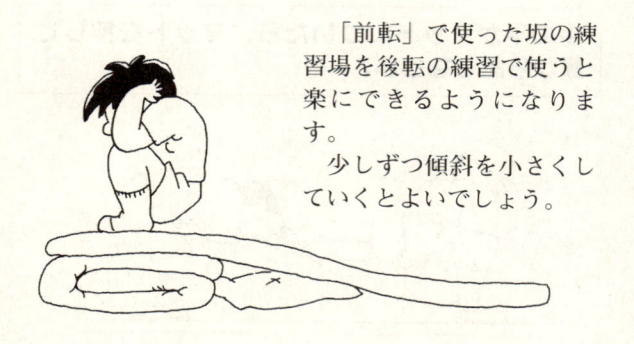

「前転」で使った坂の練習場を後転の練習で使うと楽にできるようになります。
少しずつ傾斜を小さくしていくとよいでしょう。

② 倒立はここに注意する

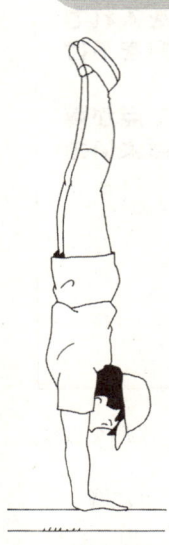

「倒立」とは、いわゆる「逆立ち」です。

小学校では、相手に足を持って支えてもらう「補助倒立」ができればかまいません。

とはいえ、きちんとバランスが取れなくては補助倒立でも10秒も立っていられません。

運動会で高学年は「組体操(組み立て体操)」をする学校が数多くあります。

組体操では補助倒立ができることが最低条件です。倒立ができないと落ちこぼれてしまいます。

倒立はどこでも手軽にできる運動です。お父さんもがんばってやってみてください。

問題9 倒立をして、なぜ倒れないでいられるのか

体操選手は倒立でずっと立っていられます。不思議ですね。

手を動かさないでバランスを取っているのですが、どのようにしているのでしょうか。

この問題は選択肢なしです。自由に考えてみてください。

> ### 問題9の解答
>
> 　前や後ろに倒れそうになると、下図のように指先や手首に近いところに力を入れて踏ん張ったり、腕を少し曲げて重心を下げて調節しているのです。
> 　要するに、重心を垂直に降ろした点が両手の間から出ないようにしてやればよいのです。
>
> 重心　　　　　　　　　力の入るところ

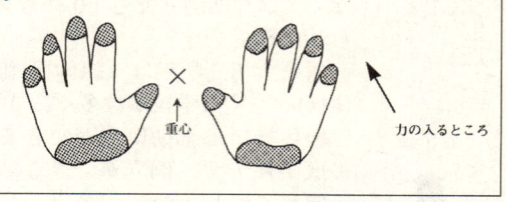

　もっとも、ベテランの体操選手は重心の移動がありませんから、倒立の際に微動だにしません。

　しかし、理屈ではわかっていてもそう簡単に倒立で静止していられるものではありません。

　地味な技1つ1つも、数多くの練習の中から生まれるものなのですね。

倒立はこのステップで完成する

1. 倒立のための基本運動

　倒立は自分の全体重を両腕だけで支えるわけですから、それに耐えられるだけの強い腕力が必要です。

当然、倒立の時間が長くなるにつれて、さらに強い腕力がいります。小さな子に倒立が難しいのはこのためです。

次のような運動をして最低限の腕力を身につけさせてください。

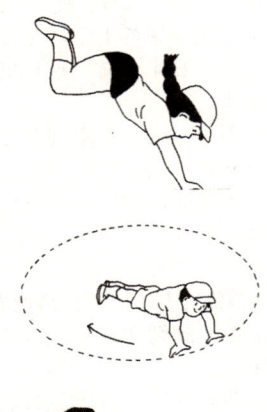

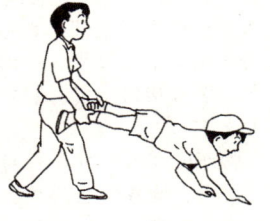

① ウサギ跳び

ウサギ跳びのやり方は、38ページを見てください。

② 時計回り

腕立て伏せの姿勢のまま、つま先を中心に両腕で360度回ります。何回転できるか挑戦しましょう。

③ 手押し車

子どもの両脚を持って、前に歩きます。足を高く上げるときつくなります。

何m歩けるか、がんばりましょう。

36ページで紹介した「カエルの足打ち」も大切な運動です。

2．カエル逆立ち

ガマガエルのような格好になるのでこのような名前がついたのでしょう。

両肘を外に少し曲げて張るようにします。その肘の上に膝が乗るようにして上体を少しずつ前に乗り出します。

両足が床から離れたら止めます。

顔は前に向け、前方を見ます。

3．首倒立

「**首倒立**」は「**首支持倒立**」とか「**肩倒立**」ともいいます。

仰向けに寝た状態から両脚をそろえて上げ、さらに腰も高く上げます。そのとき、手は腰に当て、肘で支えます。

肩から足先までが一直線になるようにする

腰が曲がりやすくなりますから、腹を突き出すような感じでやりましょう。

肩から足先まで一直線になると、最高です。

4. 頭倒立

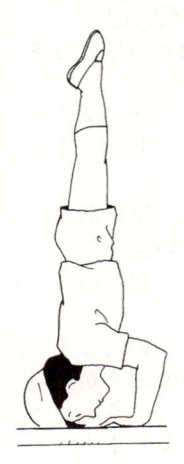

「頭倒立(あたまとうりつ)」は「頭支持倒立」ともいいます。頭と両手の3カ所で支持するので、「三点倒立」という呼び方もあります。両手だけで行う倒立に比べ、頭が加わった分、倒れにくくなります。

まず、両手を肩幅について、その前方にひたいから毛の生え際あたりをマットにつけます。腰を高くして頭のほうに重心をかけながら、両脚を持ち上げていきます。

このとき肘は直角に曲がっています。最初は脚を曲げたままにします。

両手と頭に体重が同じようにかかり、バランスが取れたら、脚を伸ばすようにします。

頭倒立をするコツは、手と頭をつく位置を正しくすることです。左図のように正三角形になるようにします。この形が最も安定するのです。

頭をついたカエル逆立ちの姿勢から少しずつ足を伸ばすとやりやすくなります。

慣れてきたら、頭頂(頭のてっぺん)をつけて、体を一直線に伸ばします。

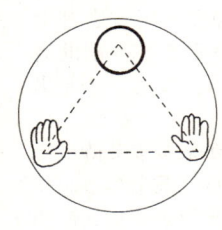

5. 倒立（補助倒立）

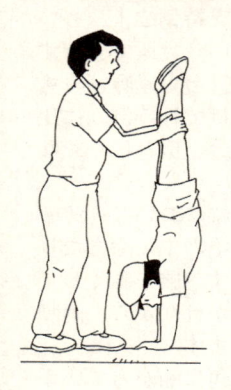

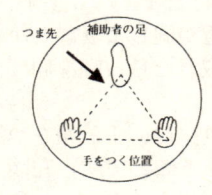

さぁ、いよいよ「倒立」です。

ここでは補助倒立のやり方を説明します。補助はありますが、倒立をするときは補助に関係なく自分で立つつもりでやらなくてはなりません。

補助をする人は、足を前後に開いてぐらつかないようにします。そして、両手を前に出して構えます。

倒立をする人は、補助の人が出した前足と自分の両手が正三角形になるように床に手をつきます。足は前後に開きます。目は補助者のつま先を見るようにします。

片足で床を蹴り、もう片足を思い切って高く振り上げます。上でそろえた両脚の足首を補助者は両手でつかみます。補助者は、振り上げられた足が手元に届かなくても、手を出してつかもうとしないでください。

構えた手の位置に倒立する人の足が来るまで待っていましょう。足をつかんでもらったら、腕をしっかり突っ張って、腹をへこまします。つま先までピンと伸ばして、体をまっすぐにします。

倒立をうまくするコツ

症状別にアドバイスする言葉を示します。
■倒立で背中が丸まって、前に転がってしまうとき
　→「前の床（マット）を見ながら逆立ちをしてごらん」
　人間の体はあごを引くと背中が丸まってしまいます。反対にあごを上げると背中は反ってきます。そういう構造なのです。

　足を振り上げたときに自分の足元を見て、あごを引いてしまうのですから、あごが上がるように前方を見させます。
■倒立で足が上に振り上がらないとき
　→「両足打ちがいくつできるかな」
　足が上がらないのは、腕に体重がしっかりとかかっていないためと足の蹴りが弱いためです。

　上げた両足で拍手（拍足？）をさせ、回数が多いほど両手に体重が乗ってバランスが取れているといえます。
■倒立した体が弓なりに反ってしまうとき
　→「あごの下に何かはさんだつもりでやってごらん」
　→「つま先を天井に突き刺してみよう」
　体が反るのはあごの上げすぎです。前のほうを見ようとしてはいませんか。あごを軽く引かせると背筋はまっすぐ伸びます。

　体全体に力が入っていない場合もだらんと反ってしまいます。

　倒立したまま床を押すようにして背伸びをすれば、手からつま先まで一直線になります。

③ 側転は幼児でもできる

【側方倒立回転】

(参考)【側転】

文部省（現文部科学省）『小学校指導書 体育編』より

タイトルには一般によく使われる「側転」という名称を使いましたが、現在の学校では「側方倒立回転」という名称で呼ばれています（上図のように「側転」は違う技の名称ですので、以下、「側方倒立回転」という正式な名称を使うことにします）。

一直線上を「右手→左手→左足→右足」または「左手→右手→右足→左足」というように順にマットにつきながら、倒立の状態を経て回ります。体が進行方向に対して横向きになるために「側方」といいます。つまり、側方に倒立しながら回転する技が側方倒立回転なのです。

3日目 マット運動で忍者になろう 117

（問題10） **側方倒立回転を始めるとき、立ち足はどちらに向けるか**

側方倒立回転を始めるとき、両足のつま先はどの方向を向ければうまく回転できるでしょうか。AかBを選んでください。

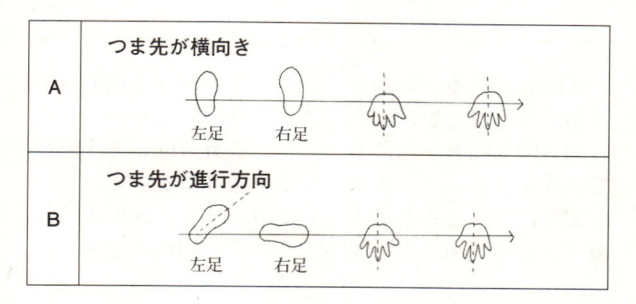

A	つま先が横向き 左足　右足
B	つま先が進行方向 左足　右足

（問題11） **手のつき方はどのようにするか**

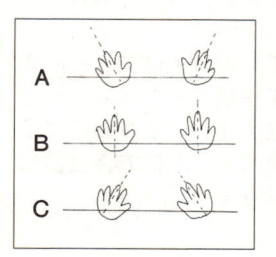

側方倒立回転をするときの手のつき方は、ABCのうちどれがいいですか。

A　指先を外側に向けてつく
B　手を平行にしてつく
C　指先を内側に向けてつく

問題10の解答

Bの「つま先が進行方向」です。

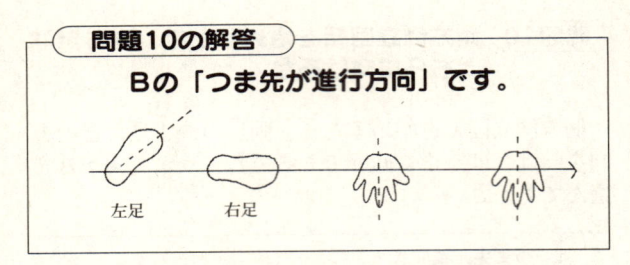

　横向きに回るのだから、最初の体の向きも横向きから始めるのだと思い込んではいませんでしたか。

　側方倒立回転を始めるときは、進行方向に体を向けて、片足をまっすぐ前に差し出すようにします。

　実際に試してみればよくわかりますが、Aのように横向きから始めようと思ってもうまく回れません。

　側方倒立回転に入る前の構えは、倒立をしようとする構えとまったく同じでよいのです。

　手を振り上げて、そのまま手を横に並べておろすと**倒立**、4分の1ひねって手を縦につくと**側方倒立回転**となります。

> **問題11の解答**
>
> **Cの「指先を内側に向けてつく」です。**

　これも実際にやって試してみるのがよいでしょう。
「指先を内側に向けてつく」、つまり「ハ」の字にマットに手をつくわけです。このように手をつくと確かに回りやすくなります。
　この着手（手をつくこと）のやり方だと肘を外に曲げることができて、両手でショックをやわらげるときや片手ずつ手をつくようなときに都合がよいのです。

　回転の終わりで立ち上がるときの足の向きも重要です。
　倒立の状態が終わって片足をつくときの足先の向きです。これは自分が最初にいた方向に向けます。つまり、進んでいく方向と反対になります。

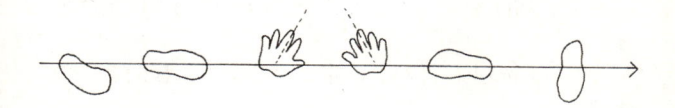

側方倒立回転は手足の連携

1．側方倒立回転のための基礎感覚

　側方倒立回転ができるようになるためには、次の3つの感覚づくりができていることが必要です。

---
① 逆さ感覚
② 腕支持感覚
③ 平衡感覚

　このような感覚は意図して育てていかないと、身につけることは難しいものです。
　この3つの感覚を同時に身につけることのできる運動があります。「**倒立**」です。
　逆に言えば、倒立（補助倒立）ができないと、側方倒立回転を行うことも困難です。
　瞬間的には片手で倒立しているのですから、片手で体重を支えることができなくてはならないのです。
　まだ倒立が不十分なようでしたら、「倒立」の項に戻って練習しましょう。

2．布団横跳び（マット横跳び）

　まず、布団やマットを丸めたものを横向きに跳びます。
　手は布団の上に「ハ」の字になるように横向きにつきます。
　両脚を振り上げて、布団の向こう側に着地します。

膝が曲がったり、腰が曲がったままでかまいません。これは誰にでもできるはずです。

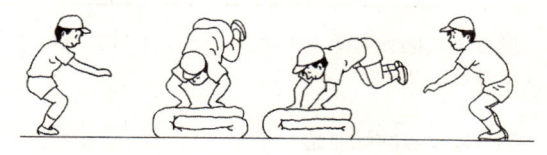

次は、足を前後に開いて構えます。
たとえば、左足が前に出ていたら左手を先につきます。左足→左手→右手→右足→左足の順につくようにします。これでマットを越します。

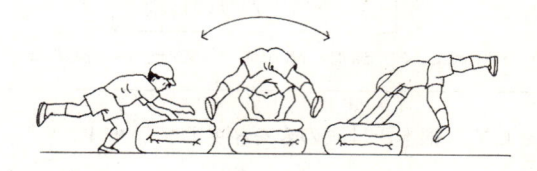

今度は、布団やマットを開いたまま使います。
先ほどと違って、高さはありませんが幅が広くなります。手はマットの中央について、マットを踏まないようになるべく遠くに着地できるようにします。

3．側方倒立回転の技術ポイント

根本正雄氏は次のように著書の中で述べています。

> 側方倒立回転のテクニカルポイントは、次のようである。
>
> 倒立による回転運動
> 倒立による回転運動ができるためには、三つの技術が必要である。
>
> > 1　回転加速の技術
> > 2　着手の技術
> > 3　立ち上がりの技術
>
> 『体育授業づくり全発問・全指示 8 マット運動』（明治図書）より

そして、根本氏は次の表を紹介しています。

	回転加速の技術	着手の技術	立ち上がりの技術
分解図			
手・足			
技術の解説	・片足をふり上げて倒立に持ち込む時の技術と同じ。 ・進行方向を向いて構える。	・¼ひねりで着手する。 ・踏み切り足の方の手を先につく。（着手の順次性） ・踏み切り足の前方直線上に着く。	・着手の方向に規定される。 ・腰をあとの手の方に向ける。（進行方向と逆向きに立つ）

4. 側方倒立回転の段階別練習法

次に紹介するような、いろいろな練習の場を作ってやってみましょう。

■ゴムひも越え側方倒立回転

ゴムひもを子どもの腰の高さ（50～70cm）に張ります。ゴムひもに触らないように側方倒立回転をします。

大きな動きができるようになります。

■ゴムひもタッチ側方倒立回転

ゴムひもを子どもの身長と同じくらいか少し高いくらいに張ります。ゴムひもに足を引っ掛けるようにして側方倒立回転をします。

脚を伸ばした大きな回転ができます。

■ゴムひも間側方倒立回転

2本のゴムひもを胸の高さで平行に張ります。ゴムひもに触らないようにこの間で側方倒立回転をします。

腰を伸ばしたまっすぐな回転ができます。

■円周回り側方倒立回転

体育館の大きなサークルラインなどを利用して行います。円の内側に向かって立ち、円周上を手と足が順につくように回ります。調整力を高め、バランスをよくします。

これを円の外に向かって行うとたいへん難しくなります。

側方倒立回転をしようとしてまず迷うのが、手足をつく順序です。右手か左手かどちらかわからなくなってしまうようです。

> **右足を出したら、右手を先につく**
> **左足を出したら、左手を先につく**

これをしっかり頭に入れさせてください。

もっとも最初のうちは回りやすい向きが決まっていますから、いつも同じ足同じ手を出せばよいはずです。

うまくできるようになったら、左右どちらもできるように練習させてください。行ってそのまま戻って来るのです。

後は慣れだけです。幼稚園の小さな子だってクルクル回っているのですから。

COLUMN

小学校器械運動はこう変わった

　現在行われている体育の内容は平成14年施行の小学校学習指導要領であるが、平成元年に改正施行されたときにも、それまでとは器械運動の内容について大きな変化があった（本書は平成元年の指導要領に基づいて述べている）。
「器械運動」領域は小学校4年生から指導されていた。
　それ以前の学年も鉄棒や跳び箱などを使ったが、それは「基本の運動」という領域の中の「器械・器具を使っての運動」として指導された。
　以下、今の小学生はどのような器械運動の技を学校で教わっていたのかを紹介しておきたい。
　なお、出典は文部省（当時）「小学校指導書　体育編」で例示されていた運動であり、授業ではこれをもとに行われていた。
　表記は原本のまま示した。

【1学年および2学年】
《器械・器具を使っての運動》
○マットを使って各種のころがる動きをする。
　・いろいろな方向へ、いろいろな形態でころがる。
○鉄棒を使って振ったり、回ったり、支持して跳び上がったり、跳びおりたりの動きをする。
　・懸垂振り　　　　　　・足抜き回り
　・支持して跳び上がり跳びおり
○平均台の上を歩く。
　・いろいろな歩行
○跳び箱を使って支持でまたぎ乗り、またぎおりや跳び上がり・跳びおりをする。

【3学年】

《器械・器具を使っての運動》

○マットを使って、各種のころがる動きをする。
- ・横ころがり
- ・前ころがり
- ・後ろころがり
- ・側方ころがり

○鉄棒を使って振ったり、回ったりする動きをする。
- ・補助逆上がり
- ・だるま回り
- ・膝かけ振り上がり
- ・膝かけ回り

○平均台の上でバランスのよい動きをする。
- ・いろいろな歩行
- ・方向変換
- ・いろいろなポーズ
- ・片足跳び

○跳び箱を使ってまたぎ越しや前ころがりをする。
- ・支持で跳び上がり、跳びおり
- ・支持でまたぎ越し
- ・跳び箱の上での前ころがり

【4学年】

《マット運動》

○回転する技
- ・側転（膝をかかえこんだ姿勢で側方に回転する）
- ・前転
- ・開脚前転
- ・後転
- ・開脚後転

○バランスをとりながら静止する技
- ・首倒立
- ・頭倒立
- ・片足水平立ち

《鉄棒運動》
○前方に支持回転する技
　・膝かけ上がり（足かけ上がり）　　・転向前おり
　・前方回転おり（前回りおり）　　　・踏み越しおり
○後方に支持回転する技
　・逆上がり（さか上がり）
　・後方膝かけ回転（足かけ後転）
　・後方支持回転（腕立て後転）
　・支持から後ろ跳びおり（腕立て跳びおり）

《跳び箱運動》
○切り返し系の技
　・開脚跳び（腕立て開脚跳び）
　・かかえ込み跳び（腕立て閉脚跳び）
○回転系の技
　・台上前転

【5学年および6学年】

《マット運動》
○回転する技
　・側転（膝をかかえ込んだ姿勢で側方に回転する）
　・前転、開脚前転、伸膝前転、跳び前転
　・後転、開脚後転、伸膝後転
　・側方倒立回転（腕立て側転）　　・頭はねおき
○バランスをとりながら静止する技など
　・首倒立、頭倒立、倒立（補助をして）、片足水平立ち、
　　片足旋回

《鉄棒運動》
○前方に支持回転する技
 ・膝かけ上がり（足かけ上がり）　・ももかけ上がり
 ・前方回転おり（前回りおり）
 ・前方支持回転（腕立て前転）　　・転向前おり
 ・踏み越しおり
○後方に支持回転する技
 ・逆上がり（さか上がり）
 ・後方膝かけ回転（足かけ後転）
 ・後方支持回転（腕立て後転）
 ・支持から後ろ跳びおり（腕立て跳びおり）

《跳び箱運動》
○切り返し系の技
 ・開脚跳び（腕立て開脚跳び）
 ・かかえ込み跳び（腕立て閉脚跳び）
○回転系の技
 ・頭はね跳び

　以上、平成元年には技の表記がいくつか改訂された。（　）内が従来の表記である。マット運動の「頭はねおき」と跳び箱運動の「頭はね跳び」は新しく加わった技である。
　なお、マット運動や鉄棒運動では、子ども個人の能力に応じた技を自由に組み合せて連続技を創らせ、演技させることも行われている。
※平成14年度施行の指導要領においても改訂があったが、ここでは割愛する。

4日目

なわとびが10倍うまくなる

　なわとび運動は、小学校体育では「用具を操作する運動」（1～4年生）や「体操」（5～6年生）の領域の1つとして行われています。

　特に冬の時期には、「なわとびカード」などが渡されて、体育授業や休み時間になわとびの練習に励む子どもたちの姿が毎日見られます。

　小さな子どもから大人まで、手軽に楽しく体力づくりのできる運動です。ぜひ家族みんなでやってみてください。

① よい「とびなわ」を使うとうまくなる

　今まで運動そのものについて述べてきました。
　ところが、この項だけが少し特別です。
「なわとび」は、運動の名称です。
「とびなわ」は、なわとび運動をするための用具です。
　ここではまず、なわとび運動に使うなわ（ロープ）についてお話ししようと思います。
　なぜなら、

| なわとび運動は、その運動に適した「とびなわ」を使わないとうまくなれない |

からです。
　なわとび上達のコツの第一は"とびなわ選び"なのです。
　多くの子どもたちを指導してそう思いました。
　ところが、多くの人はあまりに「とびなわ」に無関心です。
　算数や国語の教材・教具は少しでもよいものを選ぼうとするのに、体育の授業で個人が用意する唯一の用具「とびなわ」について誰も真剣に検討しようとしないのです。
　この機会に、ぜひ「とびなわ」に着目し、研究してみてください。

(問題12) 二重跳びに適したロープは何か

なわとび運動の中の「二重跳び」をしようとします。ロープを速く回せるようなロープがよいわけです。
次の中から二重跳びをするのに最もよいと思うロープを選んでください。

■1 太さ直径10mmの麻のロープ

■2 太さ直径8mmの綿のロープ

■3 太さ直径12mmの綿のロープ

■4 太さ直径4mmの中空で飾り入りビニールロープ

■5 太さ直径4mmの中がつまったビニールロープ

■6 太さ直径6mmの中がつまったビニールロープ

■7 太さ直径10mmの中がつまったビニールロープ

問題12の解答

5の「太さ直径4mmの中がつまったビニールロープ」です。

これだけ多くの選択肢があると混乱してしまいますね。

そもそも、ロープの材質の違いについては想像できそうですが、そのロープの太さの違いなんてわけがわからないのが普通でしょう。少し説明を加えましょう。

2の太さ直径8mmの綿のロープというのは、運動具店でよく売っている白いひものものです。これは軽くてすばやく回せません。ですから中央に螺旋の針金を巻いて重みをつけたものもあります。長時間跳ぶのには適しています。

4の太さ直径4mmの中空で飾り入りビニールロープというのは、子どもたちが最も多く使っているとびなわです。文房具店や玩具店で売っています。100～200円で買えます。ロープの中にカラフルな飾りを入れているため中空になっているものがほとんどです。二重跳びくらいまでなら普通に使うことが可能ですが、より高度な技を目指そうとするとロープの回転が追いつきません。

次の項でよいロープについて詳しく説明します。

とびなわのロープは何がよいか

ロープをすばやく回転させるためには、次の条件が必要です。

空気抵抗が少ないこと
適度の質量があること

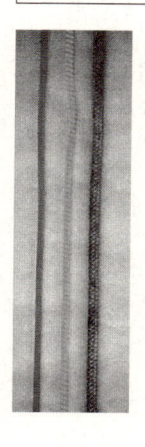

　軽い材質の綿のロープは、重くしようとすると太くなってしまいます。すると、空気抵抗が大きくなってきます。
　したがって綿を使ったものは、二重跳びなどの多回旋跳び系の技には使えません。しかし、切れにくくロープにくせがないので普通に跳ぶだけなら使いやすいでしょう。
　次にビニールロープは空気抵抗も少なく十分に重いのですが、太いと重すぎて回しにくくなってしまいます。
　いろいろ試してみると次のものがちょうど適当で、跳びやすいようです。

直径4mmのビニールロープ

直径5mm以上だと手に重く感じます。

とびなわのグリップ（柄）は何がよいか

　材質でいえば、軟質プラスチック製、硬質プラスチック製、木製、竹製、塩化ビニル製などがあります。すべらず、手になじむものならどれでもかまいません。丈夫さや持ちやすさを考えると、硬質プラスチック製か木製がベストです。

　跳びやすさに影響するのがグリップの長さです。

　グリップは手首の回転をロープに伝える大切な働きをします。

　グリップが長いと手首の小さな回転を大きく増幅してロープに伝える効果があります。つまり、速くロープを回せます。

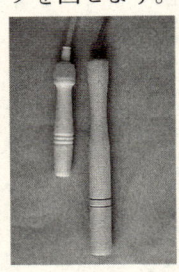

　さらに交差系の技を行うときに長いグリップは有効です。深く腕を交差しなくてもよいからです。

　なわとびに熱心な人の多くは、長いグリップのとびなわを自作しています。

　そこで、最も跳びやすいグリップは次の通りです。

長さが18〜21cmのロンググリップ

　なわとびの上級者や幼児くらいの小さな子は16cmくらいがよいようです。一般には20cm前後がベストです。

とびなわ選択の最終チェックポイント

　とびなわを選ぶときに気をつけることのうち、ロープとグリップについてお話ししました。もう1つのチェックポイントをお話しします。
「とびなわはロープとグリップからできているだけなのにまだあるのか？」と言われそうです。
　大切な部分があります。ロープとグリップの接続部分です。

ロープとグリップがなめらかに回転すること

　これが大切なのです。この部分が回らないと跳んでいるうちにロープがねじれてしまい、跳べなくなってしまいます。

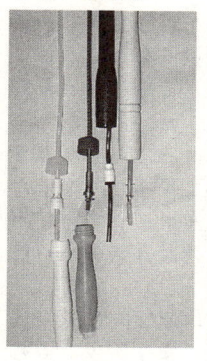

　よく回転するかどうかの見分け方はロープを持ってグリップをぶら下げて、グリップをコマのように回してみます。
　そのまま宙でクルクルと回れば合格です。この部分にボールベアリングを使ったとびなわがありましたが、グリップが大きすぎて使い物になりませんでした。
　ロープの端をグリップの中で結んでいるとびなわは論外です。

〈スーパーとびなわ〉誕生！

　学校体育で使う教具なのに、「とびなわ」はなぜ文房具や玩具としてしか扱われないのだろうと以前から考えていました。
　また、保育園で使っていた綿のとびなわを小学生になってもなぜそのまま使わせるのだろうかとも思いました。綿のロープは体に当たっても痛くないという理由だけで採用されているのです。このとびなわでいろいろな技をうまく跳べといってもとうてい無理です。
　あまりに無神経ではないでしょうか。

　以前私は、竹とビニールロープで自作したとびなわを使っていました。当時、これを使ったときだけ三重跳びができました。
　水道管（塩化ビニルパイプ）などを買ってきて子どもにも同様のものを作り、なわとび指導をしていました。しかし、多くの子どもたちに作ってやるのは大変です。
　しばらくして、製品化していただけることになりました。１本１本上質の木をくり抜いて作った握りやすい形のロンググリップです。ビニールロープの色もカラフルで、いいでき上がりです。名称は**〈スーパーとびなわ〉**。私の命名です。
　自作したものと１本当たりの値段はほぼ同じです。
　今では全国各地の学校で使われています。少しでも多くの子どもたちに使ってもらえればと思います。

〈スーパーとびなわ〉の特徴と効果

　大手のスポーツ用品会社から類似の商品が販売されるほど、〈スーパーとびなわ〉はメジャーになりました。効果が認められたのです。〈スーパーとびなわ〉の特徴は次の通りです。

> ① 長さ21cmの木製ロンググリップ
> ② 直径4mmの中がつまったビニールロープ
> ③ ワッシャー使用のなめらかな回転

　このとびなわには次の長所があります。

> **力が効率よく伝わり、ロープを高速に回転させることができる。多回旋跳びがしやすい。**
> **長い柄によって交差跳びがラクにできる。**

　二重回し跳びなどの多回旋系技やあや跳びなどの交差系技が容易にできるようになります。つまり、「とびなわ」という道具を変えただけでなわとび運動の技能は確実に向上するのです。
　中がつまったロープなので切れにくいという利点もあります。
　同じ〈スーパーとびなわ〉を何年も続けて使っている子もたくさんいます。

※〈スーパーとびなわ〉の入手方法は巻末資料をご覧ください。

とびなわの使用法と基本技能

教具がいくらよくても、その扱い方や基本技能を誤るとその効果は半減します。

【ロープの長さ】

必ず使用者の身長に合わせてロープの長さを調節します。

グリップを握り、片足でロープを踏んだときにロープの端が胸と肩の間にくるようにします。上達するにしたがって腰の辺りまで短くします。

肩を越えるような長さでは長すぎて引っかかりやすくなります。

【グリップの握り方】

親指を立ててグリップに添えるように握ります。前腕とグリップが一直線となり、手首がラクに回転できます。

また、交差する技のときは親指を曲げ、人差し指をグリップに沿って伸ばすようにするとうまくできます。

いずれもロンググリップで有効です。

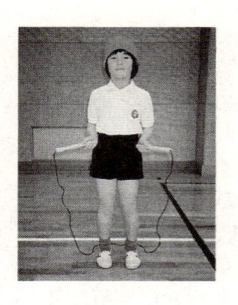

【基本姿勢】

肩の力を抜き、肘を曲げ、脇を軽くしめます。手首を腰の近くにもってきます。リラックスした状態です。

両足をそろえ、踵を浮かせてつま先立ちになり、背筋を伸ばしてまっすぐ前を見ます。

【空中姿勢】

脚は空中で伸ばし、そのときつま先も自然に下に向くようにします。

上体を前に倒したり、お尻を後ろにつき出したり、身体を「く」の字に曲げたりしないでください。

全身をリラックスして行います。

【その他の基本技能】

着地のときはつま先（前足底）から降り、軽く膝を曲げてバネをきかせます。膝を曲げすぎないようにします。

足の裏全体をつけてはいけません。

跳ぶ高さはなるべく低くします。1回旋跳びなら、床から1cm程度です。

よい「とびなわ」の条件

どのような「とびなわ」がよいのか、まとめておきます。

> ① ロープ……太さが直径4mmのビニールロープ
> ② グリップ……長さが16〜21cmで木製またはプラスチック製
> ③ 接続部……ワッシャー等でなめらかに回転すること
> ④ ロープの長さ……片足で踏んで、胸と肩の間

なわとびの技の種類によって、適したとびなわが微妙に違ってきます。

二重跳びはこの〈スーパーとびなわ〉がいいけど、あや跳びはこっちの〈スーパーとびなわ〉がいい、などと私も使い分けることがあります。ゴルフのクラブを選ぶ感覚です。「この技は3番とびなわでいくかぁ」なんて感じです。

そこまで凝る必要はありませんが、自分がいちばん跳びやすい「Myとびなわ」を発見することが大切です。

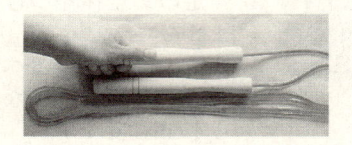

COLUMN

とびなわを自作しよう

とびなわを作ってみたいという人のために、作り方を示しておく。下の原稿は教育雑誌『教育ツーウェイ』(1986年6月号、明治図書)に発表したものである。

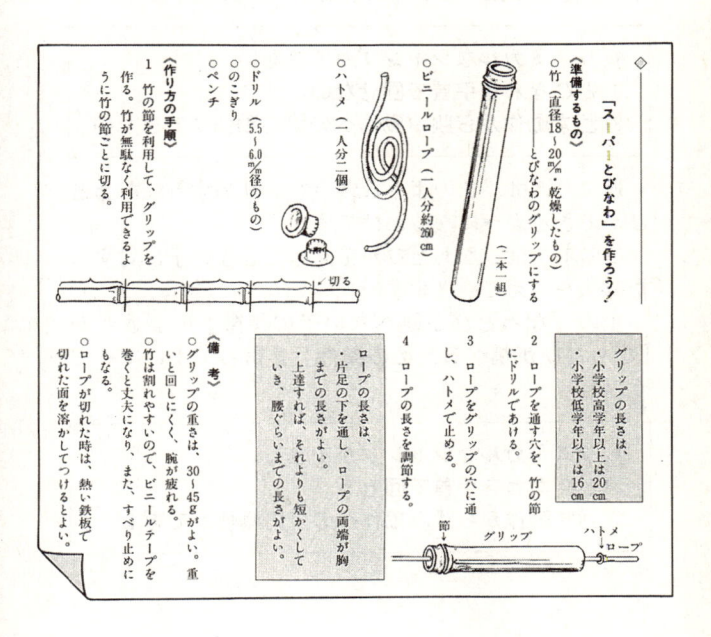

「スーパーとびなわ」を作ろう！

《準備するもの》
- 竹（直径18〜20㎜・乾燥したもの）
  — とびなわのグリップにする（二本一組）
- ビニールロープ（一人分約260㎝）
- ハトメ（一人分二個）
- ドリル（5.5〜6.0㎜径のもの）
- のこぎり
- ペンチ

《作り方の手順》

1 竹の節を利用して、グリップを作る。竹が無駄なく利用できるように竹の節ごとに切る。

2 ロープを通す穴を、竹の節にドリルであける。

3 ロープをグリップの穴に通し、ハトメで止める。

4 ロープの長さを調節する。

- ロープの長さは、片足の下を通し、ロープの両端が胸までの長さがよい。
- 上達すれば、それよりも短くしていき、腰ぐらいまでの長さがよい。

グリップの長さは、
- 小学校高学年以上は 20㎝
- 小学校低学年以下は 16㎝

《備考》
- グリップの重さは、30〜45gがよい。重いと回しにくく、腕が疲れる。
- 竹は割れやすいので、ビニールテープを巻くと丈夫になり、また、すべり止めにもなる。
- ロープが切れた時は、熱い鉄板で切れた面を溶かしてつけるとよい。

② 初めての前回し跳びのコツ

　なわとびが上手な子と上手でない子を比較すると、そのコツが見えてきます。
「なわとびが跳べない子の特徴」は次の通りです。

① リズミカルなジャンプができない。
② とびなわを手首で回せない。
③ 回す動作から跳ぶ動作への協応動作ができない。

　逆に言えば、このような弱点をクリアすればなわとびができるようになるわけです。
　この項では、なわとびが1回もできない子に対する指導法を考えていきます。
　上の「なわとびが跳べない子の特徴」の裏返しが「なわとびが跳べるための条件」と言ってよいでしょう。

① リズミカルなジャンプができる。
② とびなわを手首で回せる。
③ 回す動作から跳ぶ動作への協応動作ができる。

なわとび5回への道

　前回し跳び0回の子が、前回し跳びを連続5回できることを目指します。

　毎日少しずつでいいですから、根気よく練習してください。

　無理はしないことです。

1. 手つなぎジャンプ

「ピョン、ピョン、ピョン……」と連続してジャンプができなくては、連続跳びは無理です。

　子どもと両手をつないで、いっしょに跳んであげましょう。

　最初はゆっくりでいいです。連続跳びでなくてもいいです。

　何度も何度も繰り返せば、次第にテンポを速くしてもできるようになります。

2. 音合わせ1人ジャンプ

太鼓や笛など音を出せるものを用意します。それらが手元になければ、手をたたくだけで結構です。

「タン、タン、タン……」と一定の間隔で音を出してあげます。子どもはその音に合わせて跳びます。

足の裏ではなく、つま先でジャンプできるようになるとすばらしいです。

つまり、跳んでいる間は踵はつきません。

3. 手たたきジャンプ

今度は、跳びながら自分で拍手をして音を出します。

1回のジャンプで、1回「パンッ！」と手をたたきます。

手をたたくのは、ジャンプして上がったときにします。

ジャンプと音のリズムが同じになるようにします。

これで足と手の協応動作が身につきます。

4. ロープ回し

ここでとびなわを用意します。どんなものでもかまいません。

ロープを回すという動作に慣れさせます。1本のロープを半分に折って片手で持ちます。

頭の上でクルクル回して「ヘリコプターだよ」、体の横で回して「自動車だよ」と楽しくやりましょう。「頭の上(右手・左手)→体の右側(右手)→体の左側(左手)」で1セットです。

音や音楽に合わせて速くしたり遅くしたりできるようにしましょう。

5. ロープ床打ちジャンプ

とびなわのグリップを両手に持ち、ロープを後ろから前に回して前方の床を打つようにします。

打った後は、床上のロープを両足ジャンプで前に越えます。

「バシッ!ピョン、バシッ!ピョン、バシッ!ピョン……」と続けます。

ここまでやって1回は跳べるようになったでしょうか。

　1回は跳べるけど、連続で跳ぶのはまだまだという子も多いと思います。そんな子には、とびなわを持たせないで両足ジャンプを何度も練習させてください。

　地面に50cm間隔くらいに線をたくさん描き、そこを両足でジャンプしながら跳び越える練習も効果があります。

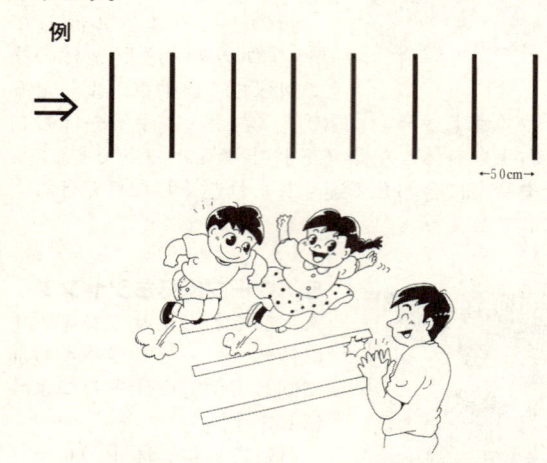

例

⇒ | | | | | | | |

←50cm→

　なわとびが跳べるようになった子どもは、まず、「1回旋2跳躍跳び」を行おうとするはずです。1回ロープを回す間にトントンと2回ジャンプするやり方です。

　このテンポが小さな子に合うのです。スピードも必

要なく、「トン、トン」という足のリズムが子どもになじみやすいのでしょう。
「1回旋2跳躍跳び」をわかりやすく「トントン跳び」とでも名付けておきましょう。

6．トントン跳び

「トントン跳び（1回旋2跳躍跳び）」は、ロープが目の前を通って地面に当たり（ビュン）、次にジャンプを2回（トン、トン）します。最初のジャンプでロープを越します。2回目のジャンプのときは、ロープがちょうど頭上を通っているはずです。

この「ビュン、トン、トン」のリズムが大切です。

ロープ床打ちジャンプで練習したロープを振り下ろす動きが「ビュン」です。

次に「トン、トン」と2回ジャンプしながら、ロープを頭上まで回してきます。これの繰り返しです。
「ビュン、トン、トン」「ビュン、トン、トン」

ロープが落ちる音と自分の靴音を聞きながらリズミカルにやらせてみましょう。初期の段階ですから腕を大きく回してやってもかまいません。まずは連続して跳ぶ喜びを味わわせてあげてください。

7．前回し跳び

トントン跳びが速く跳べるようになってくると、1回旋1跳躍の前回し跳びができるようになります。

腕は大きく回さないで、脇をしめ、手首を使ってロープを回します。

③ 二重跳びは誰でも跳べる

「二重跳び」は「2回旋1跳躍跳び」のことです。

つまり、1回ジャンプしている間にロープを2回転させる技です。

1回旋1跳躍跳びができる人が、二重跳びをやるためには、次の2通りの方法しかありません。

① ロープを速く回す
② 高くジャンプする

跳んでいる高さが同じなら、ロープを2倍のスピードで回せば二重跳びができますし、3倍のスピードで回すことができたら三重跳びができます。

また、ロープを回す速さが同じなら、2倍の高さに跳べばよいのです。5倍高く跳べば五重跳びだってできる計算です。

実際にスプリングのついた床で、高く跳び上がって行う練習方法もちゃんとあります。

どうです。

簡単そうに思えてきたでしょう。

4日目　なわとびが10倍うまくなる　149

問題13　二重跳びをするときのよいフォームはどれか

二重跳びを行います。
二重跳びをしているときのフォームは、次の中でどれが最もよいと思いますか。

1 1回旋1跳躍跳びの場合と同じように全身をまっすぐにして跳ぶ

2 腰を曲げて足を前に出し「く」の字型になる

3 膝を上に持ち上げるように腰を曲げる

4 足を後ろに跳ね上げるように膝を曲げる

> **問題13の解答**
>
> **1の「1回旋1跳躍跳びの場合と同じように全身をまっすぐにして跳ぶ」です。**

2の「く」の字型に曲げる子が多いようです。二重跳びだけを少しするのならこのフォームでもかまわないのですが、さらに違う技へ発展させようとするとできなくなってしまいます。二重跳びを数多くやろうとすると疲れてしまいます。

他のフォームでも同じです。

> **どのような技をやっても、全身のフォームを変えないのが原則です。**

背筋を自然に伸ばして、リラックスした姿勢で跳ぶようにしましょう。

二重跳びの回数はその子の誇り

二重跳びの正式名称は、**2回旋1跳躍跳び**です。

その名称の通り、1回の跳躍（ジャンプ）で2回ロープを回す跳び方です。

なわとび運動の中では単純な跳び方といえますが、難易度はかなり高いといえます。

なわとび競技の世界では3回以上回す跳び方を「多回旋」と呼んでいます。二重跳びは多回旋系の技への入門技なのです。

とはいえ、二重跳びについては小学校高学年でも体育授業中にきちんと指導されることは少ないようです。数多く跳んでいるうちに、なんとなくできてきた子のほうが多いでしょう。

二重跳びを回数多く跳ぶことは、上級の子どもたちのあこがれの的です。連続して50回以上跳べると尊敬されます。100回も跳ぶと神様です。

子ども世界では、二重跳びの回数がその子のステータスなのです。なわとび技能の尺度になっているのです。

二重跳びのための条件

　二重跳びの練習を始める前に、まず次の条件を満たすかどうかチェックしてください。

【二重跳び練習開始の条件】
条件①　1回旋跳びが30回以上跳べる。
条件②　正しい姿勢で跳べる。
条件③　一定のリズムで跳べる。
条件④　適したとびなわを使っている。
条件⑤　適した靴・練習場所・服装で行っている。

　二重跳びをやろうとするなら1回旋跳びができるのは当然です。30回以上跳べるなら、1回旋跳びについては、ほぼマスターできていると考えてよいでしょう。

　跳ぶときのよい姿勢は、一言で言えば全身がリラックスできていることです。背筋を伸ばし、まっすぐ前を見ます。膝と足首のバネを使って、必要最小限の高さだけジャンプします。

　そして、その姿勢がくずれることなく、一定のリズムで何回でも続けられなくてはいけません。

　姿勢の自己診断は、1回旋1跳躍跳びで数多く跳んでみればわかります。姿勢に無理があればすぐ疲れてしまいます。どこか痛くなります。

とびなわの選択は重要です。これについてはすでに述べた通りです。この選択を誤ると上達は望めません。
　靴や練習場所については、言うまでもなく膝を痛めないためです。コンクリートやアスファルト上での練習は厳禁です。
　また、動きやすい服装も上達する１つの要素です。
　５つの条件のうち、１つでも条件に当てはまらないものがあると効率的な練習は期待できません。
　まず、ここからやり直しましょう。

　さて、これらの条件を満たしたら、まずやることはこれです。

１回旋跳びを連続100回を目指す

　とにかく、正しい姿勢と一定のリズムで１回旋跳びが100回以上できるように、ひたすら練習することです。
　持久力が必要になります。
　足首や手首のバネが必要になります。
　これが達成できるようになったら、二重跳びもすぐできるようになります。少なくとも連続４〜５回はできるはずです。

実際に二重跳びを行うときには次の点に注意します。

ロープを速く回転させるために、グリップを下にたたきつけるような感じで、腰の位置ですばやく上下運動させる。

**1回旋跳びより、ほんの少し高めにジャンプする。
膝は曲げすぎない。**

　何としても2回ロープを回そうとして高くジャンプして、膝を曲げてしまうと、連続して跳べなくなります。

　高いジャンプで2回旋するのではなく、ロープの回転を速くすることで2回旋することを目的にしてください。

二重跳び完成への7ステップ

以下に述べる練習方法をよく読んでやってみてください。

一応、順番になっていますが、できなくても先に進んでかまいません。また戻って繰り返しやってみましょう。

1．30秒間70回跳び
（1回旋1跳躍）

30秒間に70回以上の1回旋1跳躍ができるようにします。

音をなるべく立てず、跳ぶ高さは1cm前後にします。やわらかいフォームで、リラックスして跳べるようにしましょう。

2．手打ちジャンプ

とびなわは持ちません。

ジャンプして胸の前で手を2回たたきます。

「タターン、タターン……」のリズムを体感させます。10回以上連続でできるようにします。協応動作を身につけさせます。

3. もも打ちジャンプ

とびなわは持ちません。

ジャンプしてももの横を両手で2回たたきます。「タターン、タターン……」のリズムを体感させます。これも10回以上連続でします。

より二重跳びに近い形で協応動作を身につけさせます。

4. グリップもも打ちジャンプ

両手にとびなわを持ちます。親指がグリップの上にくるようにします。もも打ちジャンプと同じようにしてグリップでももを打ちます。「タターン、タターン……」のリズムです。これも10回以上連続でします。二重跳びの動きに近くなります。

5. ロープ空打ち

ロープを2つ折りにして片手に持ちます。床に立ったままロープを回転させ床に打ちつけます。ロープを1回目に回したときは膝を軽く曲げ、2回目は膝を伸ばします。

ロープの回転に合わせて体を上下させます。
左右交互に10回ずつします。

6．ロープ空打ちジャンプ

ロープを2つ折りにして片手に持ちます。1回のジャンプでロープを2回転させ、床に打ちつけます。

左右交互に10回ずつします。

ヒュッ、ヒュッと小気味よい音がするようにすばやく回します。

「タターン、タターン……」のリズムを忘れないでください。

7．1回旋から2回旋へ

すぐ二重跳びに入るのではなく、2～3回、1回旋跳びをしておいてから2回旋跳び（二重跳び）に入ります。足は、「トン、トン、トン、トーン……」手は、「タン、タン、タン、タターン……」と入っていきます。ロープを速く回すときの手首の動きは回転ではなく、上下運動です。

グリップは上下に小刻みに動かす

これが二重跳びのコツです。

COLUMN
多回旋跳びを助けるトレーニングボード

　二重跳び、三重跳びなどの多回旋跳びを練習するのによい補助具がある。青森県の西田真人氏が開発した「トレーニングボード」と「バウンドボード」がそれである。
　この上に乗って跳ぶとベニヤ板の弾力でかなり高く跳ぶことができる。回転のタイミングを練習するのによい。
　以下、紹介する。

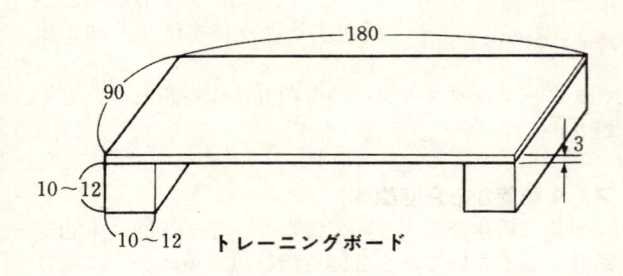

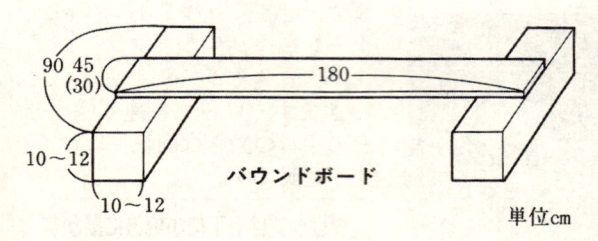

トレーニングボード

バウンドボード

単位cm

残念ながら市販されていない。

自作することが可能なら、ぜひ試していただきたい。

【トレーニングボードの作り方】
《材料・準備するもの》
- 耐水ベニヤ……畳1枚大、厚さ26mmか30mm
- 角　材　　……3寸5分か4寸、長さ90cm、2本
- 2寸釘（かなづち）……10本
- 金　槌

《作り方の手順》
① 2本の角材を180cm離して地面に平行に置く。
② 耐水ベニヤを角材の上に乗せる。
③ 釘を打ちつける。

2〜3分で作ることができる。

バウンドボードのほうは、ベニヤの幅が半分になっているだけで作り方は同じ。1枚のベニヤで2台作ることができる。

バウンドボードのほうが、ベニヤの厚さが同じでもトレーニングボードより弾みがつく。しかし、傷みやすい。

【トレーニングボードのメリット】
（1）弾みがつくので、二重跳びなら楽々誰でもできるようになる。
（2）脚力の弱い、ジャンプ力のあまりない子どもでも、コツさえしっかり身につけていれば、板の反動を利用して、三重跳びができるようになる。

(3) 滞空時間が長くなるので、バランスが保ちやすく、フォームが安定してくる。
(4) 三重、四重跳びのコツがつかみやすくなる。
(5) 膝や腰、足首に対して、床上より負担がかからないので、膝や腰、足首を傷める心配がない。
(6) 床上では、四重、五重跳びは着地時にすごい衝撃が加わるが、ボード上では衝撃が半減するので、小学生でも技能が高い子は五重跳びまで、できるようになることもある。
(7) 二重、三重跳びの回数が2倍、3倍増しになり、子どもはとても喜ぶ。

　以上のようなメリットがある。
　しかし、二重跳びのコツを正しく身につけていてこそ、初めてメリットが発揮できることをお忘れなく。

5日目

ちょうちょう背泳ぎですぐ泳げる

　夏のシーズンの体育といったら、やはり「水泳」でしょう。

　学校では一般的に6月下旬から水泳指導が始まり、夏休み後の9月上旬までやります。その期間中の体育は水泳だけになることが多いようです。

　ところで、1シーズンに学校で何回くらい水泳の授業があると思いますか。20回？　30回？　もっと多いでしょうか？

　とんでもない。水泳の授業は年間に10回程度です。寒かったり、雨が降ったりすると中止になりますから、実際にはもっと少ないこともあります。冷夏の年は2〜3回なんてこともあります。学校の水泳の授業は意外に少ないものなのです。

① 水に慣れる指導

　水が顔にかかるといやがる子がいます。
　いや、プールの中を歩けない子がいます。
　いやいや、水の中に入ろうとしない子がいます。
　それどころか、プールを見るのもいやな子がいます。

　そんな子は毎日のお風呂をどうしているのだろう、と思ってしまいます。意外と湯舟ではしゃいでいるのかもしれませんね。
　プールが嫌いという子には、それが嫌いになったきっかけが必ずあるはずです。プールに1度も入った経験のない子がプールを怖がるはずがありません。
　まず、プール嫌いになった原因を取り除いて、安心させてあげましょう。
　本来子どもは水遊びが好きなのです。ドロンコ遊びが好きなように。

　決してあせって無理をしないことです。
　叱ることはマイナス効果しかありません。
　小さな変容を見つけて大げさにほめてください。
　どんなに些細なことでもいいのです。
　子どもは少しずつ少しずつ変わってくるはずです。

みるみる水に慣れるこの方法

　水を怖がる子どもへの指導には原則があります。これです。

【水を怖がる子どもの指導の原則】
大人もいっしょにプールの中に入って、絶えずその子どもの体に触れておく。

　水の中では体が思うように動かせません。不安定です。子どもにとってこれは非常に不安な状態なのです。
　そんな中で、大人がいつも体に触れていてくれると、そばに頼りになる人がいるという思いで、気持ちが休まるのです。安心していられるのです。

水の中を歩く

　水の中を歩くこと。これが基本です。
　最初は水の深さが浅ければ浅いほどいいでしょう。幼児用の深さ10～20cmでよいのです。ここなら子どもも安心します。
　ところが、学校のプールでは1年生でもそんなに浅くできません。6年生が入った後の水深1mのところに入ったりします。
　私の勤務校のプールには「プール床昇降装置」という最新の装置がついていて、すのこ状になっているプールの床が上下して水深をボタン1つで変えられます。

私の担任する1年生のプールの授業のときのことです。水を思い切って10cmにしました。あの25mプール全体が水深10cmなのです。
　これだと大きな水たまりで遊んでいるようなものです。子どもたちは大はしゃぎ。プールに入りたくないとベソをかいていた子も水の中を走り回っています。しばらくするとあまりに浅すぎてつまらないと子どもたちの中から不満が出てきます。
　そこで、水深20cm、水深40cmと徐々に深くしていきました。このように徐々に深くできれば最高ですが、腰くらいまでの水深のところで十分です。とにかくどんどん水の中を歩かせることが大切です。
　両手を持って引いてあげたり、手をつないでいっしょに歩いたりします。
　深くて子どもがいやがるようでしたら大人が子どもを抱いて水中を歩きます。
　たまにわざとつまずいて子どもの顔に水がかかるようにします。すぐに「ごめんね。今度は気をつけるからね」と声をかけます。しばらくしてまた同じようにやってしまうわけです。プールを歩かせているだけで、まわりの水しぶきを自然にあびて、水に慣れてくるものです。

水慣れから水もぐりへ

　プールの中を歩いたり走ったりができるようになりましたか。
　転んで水中に倒れても怖がりませんか。
　次は、水中で目が開けられることを目標にしましょう。

1. シャワーの修行
　水をいやがる子どもは冷たい水を嫌います。
　水に入る前にプールの水温を敏感に感じ取る子もいます。
　プールに設置されているシャワーからはほとんどの場合、冷たい水しか出てきませんから、家庭のお風呂を使います。お湯が出るシャワーがあれば、うんとぬるく30度程度に調節します。水量も少なくします。
　滝の修行のように、頭の上からシャワーをかけます。「シャワーの修行」というわけです。手を前で合掌させ、手で顔をふかないようにさせます。前、後ろ、左右、下と、いろいろな方向からかけてあげましょう。
　次は「目が開けられるかな」と声をかけて、上から少しずつかけてみましょう。少しでも開けられたら大げさにほめます。

2. おじぞうさん

　学校では水に慣れさせるために子ども同士で水のかけ合いをさせます。ところが、この水かけっこが逆にプール嫌いにしていることが多いのです。そこで次のようにします。

　大人と子どもがいっしょにプールに入ります。「おじぞうさんになるから、上から水をいっぱいかけてね」と言って、大人は動かないように立ちます。

　子どもは、はりきって水をかけようとします。ところが知らないうちに自分にもかかります。

　水をかける子どもの数は多いほうがいいのですが、そうはいかないでしょう。他の大人が子どもの反対側から水をかけるようにするとよいでしょう。お父さんがおじぞうさん、お子さんとお母さんがお父さんに水をかける、というのがいいですね。

　慣れてきたら、「おじぞうさんを交代しよう」と言って、子どもにもおじぞうさん役をやらせることができたら、しめたものです。

※この「おじぞうさん」では頭や顔にかかった水をぬぐわないのがポイントです。

3. 水中ジャンケン

「水中ジャンケン」はどこでもよくされているのでご存じでしょう。二人で水中にもぐり、水の中でジャンケンをします。

ジャンケンをするためには目を開けて見ていなくてはなりません。どうしても目を開けなくてはならないという状況を意図的に作り出しているのです。次の石拾いも同じです。

4. 石拾い

「石拾い」も学校では大変よく行われています。泳げる子もこれが大好きで高学年の子でも喜んでやります。

昔は碁石や本物の石を使ってやっていましたが、今では専用の教具が使われています。直径4cmほどのゴム製の多面体です。

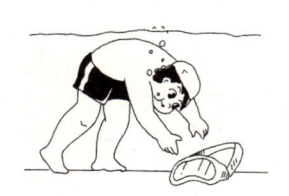

しかし、学校外の一般のプールではそのようなものは持ち込めないことが多いと思います。

ゴーグルなど身近にあるものを沈めて取る練習をしましょう。

② 水に浮くコツ

力をぬくと水に浮く

1．物につかまって浮く

「自分が水に浮く」ためには、「何か浮いている物につかまる」ことが最も簡単です。

これは、泳げる大人が考えるよりも大変なことなのです。

浮き輪の中に体を入れてしまっては、つかまっていることになりません。しがみつくのはよいのです。

とにかく足がプールの床から離れていればよいのです。

つかまって浮いた状態で10秒以上いられたら合格です。

実際に船が沈んでしまったら、物につかまって浮いていれば救助されて助かるのですから、命を救う大切な技能ですね。

2．1人で水に浮く

さぁ、次は「1人で水に浮く」練習です。

プールの底から足が離れることは、子どもにとってたいへん恐怖感のあることです。

浮くことはできても元のように立てないことがあるのです。

つまり、水中に浮いた状態というのは何にも触れていないわけですから、床から離れた足を元に戻そうとしても踏ん張れないのです。すると、あわてて水を飲み込むことになってしまいます。
　ですから、立ち方の指導は大切なことなのです。

【浮いた状態からの立ち方】
① 両手を前に出しながら、顔を下にして前にゆっくり倒れ、両足を床から離した状態にする（水に浮く）。
② 膝を曲げて胸の方に引きつける。
③ 同時に手の平で水を下に押さえるようにかく。
④ 静かにプールの床に向かって足を伸ばす。
⑤ 足が床についたら、体を起こして顔を水から出す。

手をゆっくりかいて
水を押さえる

【クラゲ浮き】
　まず、基本的な浮き方を練習しましょう。
「クラゲ浮き」です。
　全身の力をぬいてグニャグニャになります。手も足も水中でダランとなります。
　そのようすから、クラゲとかオバケとか呼ばれています。

やり方は次の通りです。

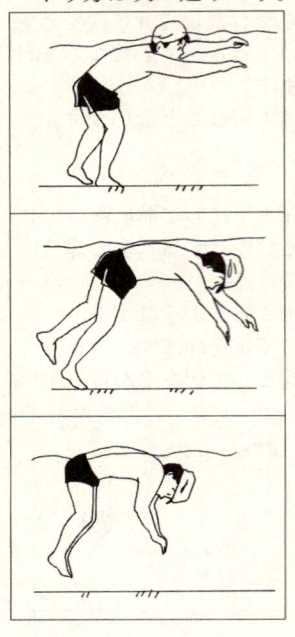

① 空気をいっぱい吸い込みます。
② 両手を前に出しながら、背中を丸めます。
③ そのまま前に静かに倒れます。
④ 両足が床から離れたら、手足を自然に下に垂らします。
⑤ 水にプカプカ漂う感じです。
⑥ 息が苦しくなったら、先ほどの「立ち方」で起き上がります。

「本物のクラゲのようになってごらん」「オバケのようにダランとするんだよ」というような声をかけるとよいでしょう。

3．クラゲ浮きから伏し浮きへ

　クラゲ浮きがしっかりできていれば、後は楽です。
　クラゲ浮きの状態から少しずつ体を伸ばしていきます。

水面に大の字になれば「**大の字浮き**」です。
　そのまま両手、両足をそれぞれ近づけて背伸びの姿勢になれば、「**伏し浮き**」です。
　ここまでできると、「伏し浮きからバタ足をして前に進めば、もう泳げたことになるじゃあないか。さぁ、がんばれ」と言いたくなるでしょうが、ちょっと待ってください。
　そう理屈通りになるのなら誰も苦労はしないのです。

　だいたい今までやってきた方法が、学校教育でよく指導される方法です。昔ながらの方法です。
　伏し浮きができるようになったら、バタ足で進むようにさせる。さらに腕のかきも加えて「面かぶりクロール」をさせる。
　そしていよいよ息つぎのできる「クロール」へというのがお決まりのコースです。
　実は子どもたちはこれでつまずいているのです。
　次の項から少し発想を変えていきましょう。

【伏し浮き】

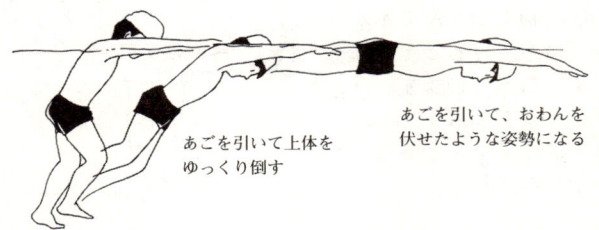

あごを引いて上体をゆっくり倒す

あごを引いて、おわんを伏せたような姿勢になる

背浮きで浮こう

「背浮き」というのは背中を下にして浮きます。

つまり、空を見ながら浮くのです。背泳ぎの状態ですね。

伏し浮きもできないのに背浮きなんて、と思わないでください。

ステップを正しく踏んで練習していけば、無理なくできるようになります。

次のように行います。

1. 背浮きの補助

補助者は子どもの横に立って、子どもの顔が水中に沈まないように後頭部を支えてやります。

「空を見ながら水のベッドに寝てみましょう」

体を硬くして腰から沈んでしまう子には、腰と首を横から支えるようにします。

体を硬くしている子は、腕をつかんで水から持ち上げるとそのままになっています。リラックスしていると、水にボチャンと落ちるからわかります。

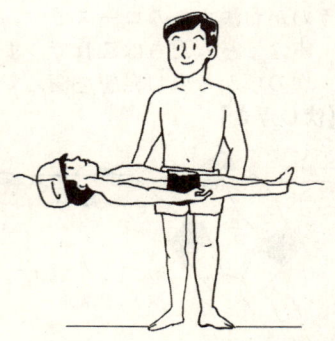

5日目 ちょうちょう背泳ぎですぐ泳げる 173

2. 背浮き移動

（1）補助者は子どもの頭を支えたまま、手前に引くように移動させます。

　手の平を上に向けて、その上に子どもの頭が乗っかっているようにします。決してつかんだりしないでください。

　子どもの両耳はいつも水につかっている状態のまま引っ張るのです。

　水が子どもの顔にかからないようにゆっくり行います。

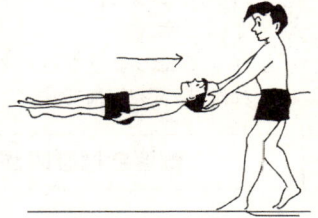

（2）子どもの足が沈んだりしないでできるようになったら、今度は、補助者は子どもの足の裏を押して進みます。

　足や足首をつかんではいけません。

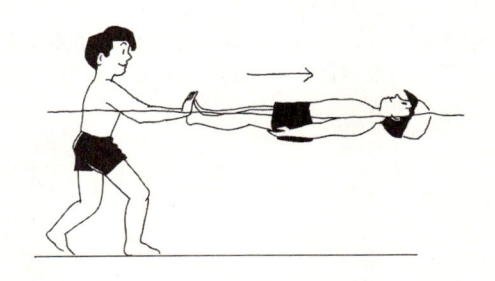

③ ちょうちょう背泳ぎで25m完泳

　背浮きはできるようになりましたか。
　子どもがやっているようすを見ますと、伏し浮きは必死の形相なのに比べると背浮きは余裕でゆったりとやっています。
　どうしてこのような違いが出てくるのでしょうか。
　それはズバリこれです。

背浮きは呼吸が自由にできる

　息ができるかできないかは重要です。
　息ができないと死んでしまいますから、息を自由にしたいというのは本能と呼べるものです。
　地上で生活していたら、呼吸が制限されるなんてことはめったにありません。
　水に浮いて呼吸も自由にできるということは実にすばらしいことなのです。
　この状態で前に進むことができれば、いくらでも泳げそうでしょう。呼吸はいつだってできるのですから。

問題14 25m完泳はどんな泳ぎならよいのか

 ほとんどの学校には「水泳カード」なるものがあります。
 水泳能力で1級、2級……とランクをつけるものです。
 その是非は別にして、泳力の目標と子どもの励みになるだろうと、それに向かってがんばらせているわけです。
 なかなか上の級に上がれないで毎日親に叱咤激励されている子どもがたくさんいます。あなたのお子さんはどうですか。
 さて、この最大の関門が「25m」です。
 小学校水泳指導の目標でもあります。ですから水泳指導のときも25mが泳げるか泳げないかでグループを分けることも多いのです。
 さて、問題です。
 学校で「25m泳げた」と認められるのは、どんな泳ぎでもよいのでしょうか。
 次の中から選んでください。

A 床に足さえつかなければどんな泳ぎ方でもよい。
B 足がバタ足であればよい。
C 息つぎができなくてもクロールの格好なら可。
D クロールまたは平泳ぎが正しく泳げたときだけ認められる。

問題14の解答

Aの「床に足さえつかなければどんな泳ぎ方でもよい。」です。

　ただし、すべての学校というわけではなく、多くの学校での級の設定のしかたがこうなっています。
　25m以前も5mおきくらいに細かく区切って、ここまで泳げたら〇級というようにやっています。
　バタ足しながら半分おぼれているような泳ぎをする子もいるわけですから、この段階で泳法をチェックしたりしません。
　先生方が見るのは「足をプールの床につけないでどこまで進んだか」だけです。
　つまり、犬かきで25m泳いだってかまわないのです（実際に犬かきの子もいましたが、ほとんどの子はクロールで泳いでいます）。
　25m泳いだ子に対する次の段階が、「25mをクロールまたは平泳ぎで正しく泳ぐ」なのです。
　巻末に資料として、小学校で実際に使われている「水泳カード」を載せておきました。

これがちょうちょう背泳ぎだ

　背浮きができていれば、25m泳げるようになるのはすぐです。
　止まっている背浮きの状態から、自分で手足を動かして推進力を作ればよいのです。
　次のように行います。

【ちょうちょう背泳ぎの方法】(鈴木智光氏の実践より)
① 背浮きで静かに浮く。　② 手を肩のあたりまでゆっくり上げる。

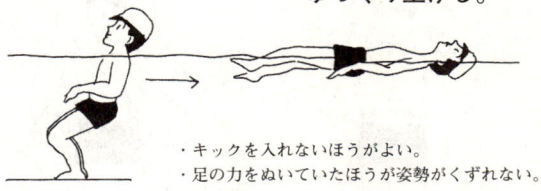

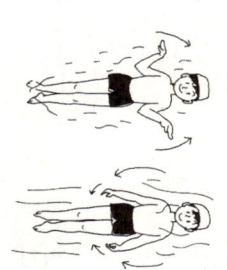

・キックを入れないほうがよい。
・足の力をぬいていたほうが姿勢がくずれない。

③ スナップをきかせ、水をお尻(しり)の下にかき入れるようにしてかく。
④ ちょうちょうや鳥が羽ばたくように腕を動かす。

ちょうちょう背泳ぎでは「手のかきと呼吸の協応動作」を身につけることが重要です。

つまり、

手の動きに合わせて呼吸をします

手を上げながら息を吸い、手をおろしながら（水をかきながら）息を吐きます。これをゆっくりと行うのです。

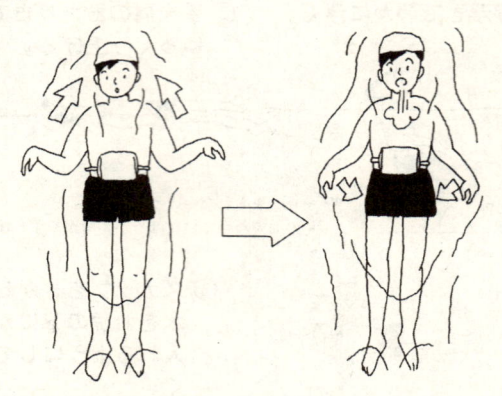

手を上げながら、ゆっくりと息を吸う

手をおろしながら、ゆっくりと息を吐く

このリズムで続けることができるようになれば、何メートルでも楽に泳げるはずです。

２５ｍなら１時間の練習で泳げるようになります。

ヘルパーを活用しよう

　ちょうちょう背泳ぎでは、足の蹴りは不要です。
　ゆっくりした呼吸のリズムの邪魔になるからです。
　呼吸のリズムをつくるためには、「下半身の脱力」が大切なポイントです。
　ところが足を蹴っていないと下半身がどんどん沈んでくる子どもがいます。足の蹴りで下半身の浮力を得ている子たちです。
　しっかりと下半身を脱力すれば沈まないのですが、初心者には難しいようです。
　そこで登場するのがヘルパーです。
　ヘルパーというのは円筒形の発泡ポリエチレンで、体に装着して浮力を助ける浮き具です。
　1つあればいろいろな場面で活用できますので、ぜひ手に入れてください。ヘルパーは浮きが3個入って定価1200～1500円程度でスポーツ用品店で販売しています。

　水泳の補助具といえばビート板がよく知られています。ヘルパーを置いていない学校はありますが、ビート板を置いていない学校はありません。しかし、利用価値を考えるとビート板よりヘルパーのほうがすぐれているようです。

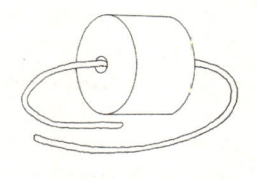

178ページのイラストで示したように、ヘルパーを1つ腹につけて泳ぎます。

1つでは不安なようでしたら3つを用いて、徐々に減らしていくようにするとよいでしょう。

クロールや平泳ぎの練習でヘルパーを使うときには、お尻の上部（腰）のあたりにつけるようにします。

クロールや平泳ぎへの道

いくら25m泳ぐのはちょうちょう背泳ぎでよいといっても、いつまでも上に向いてユラユラ漂っているわけにはいきません。

クロールと平泳ぎで正しく泳げるようになることは小学校体育の目標ですから、最終的にはきちんとできるようにする必要があります。

さて、ちょうちょう背泳ぎから平泳ぎ、クロールへの指導のステップについては、愛知県の鈴木智光先生が著書『体育授業づくり全発問・全指示11　水泳』（明治図書）の中で詳しく報告されています。

さらに上のレベルまでやりたい方は参考にしてください。

背浮きから練習を始めても、無理なく平泳ぎやクロール、バタフライまで習得できるステップが示されています。

その概略のみ紹介しましょう。

【指導の順序とその内容】

1. 背浮き（仰向けで浮く）
2. 背浮きで進む
3. ちょうちょう背泳ぎ
4. 背泳
   ……仰向けの蹴のび姿勢を長くとる。
   手を体側におろすようにかく。
5. 伏し浮きの呼吸法
   ……息を止める。
   頭を上下させて呼吸をする。
6. 平泳ぎ
   ……手のかきとキックの協応動作を身につける。
7. クロール
   ……クロールの息つぎには首をねじるという回転が加わっている。
8. バタフライ
   ……平泳ぎとクロールを習得した子には難しい泳法ではない。
9. 着衣の泳法
   ……服を着た状態での泳ぎや浮きの体験が大切。

COLUMN

着衣泳の経験を

　学校で水泳を指導する１つの理由が、水の事故から身を守るということにある。

　ところが、水の事故に遭うときのほとんどが服を着ている状態（着衣）のときである。

　水着で泳ぐときと着衣で泳ぐときの違いを認識して、それに対応する訓練をしておかないと、いざというときに役に立たない。

　水着で何百メートルも泳げる子でも、水を吸った重い衣服ではいつも通りに泳ぐことは不可能である。

　まずは、長く浮くことが大切である。

　陸まで無理して泳がなくても、その場にしばらく浮いていることができれば救助される。

　着衣で浮くなら、背浮きがよい。

　着衣で泳ぐなら、ちょうちょう背泳ぎが最もよい。

　実際に着衣で水に入ってこそ、それがわかる。

　全国の学校で着衣泳（着衣での水泳）が行われるようになった。

　家庭でも、プールは無理だが、海水浴のときなら可能である。安全に気をつけて試してはいかがだろう。

6日目

ボールはこう扱えばいい

　小学校の体育授業で行うボール運動は、次のものをやることになっています。昔から少しずつ変わってきています。特にハンドベースボールやソフトボール等の野球型球技は途中で行われなくなったり、また復活したりなどの変動がありました。
【1～2年】ドッジボール、ボール蹴りゲーム
【3～4年】ポートボール、ラインサッカー、
　　　　　ハンドベースボール
【5～6年】バスケットボール、サッカー、
　　　　　ソフトボール（地域や学校の実態に応じて実施）

① ボール投げがうまくなるコツ

　小学生はドッジボールを投げる機会が最も多いのです。

「ドッジボール」というゲームは、今ではルールも整備され、子どもから大人までを対象にした公式試合が全国各地でさかんに行われるようになりました。

　このドッジボールで使うボールは、野球用ボールなどと比べるとはるかに大きいので、取り扱いが多少難しくなります。

　ここではこのドッジボールの扱い方についてお話しします。

問題15 ドッジボールを遠くに投げるにはどうしたらいいか

　ドッジボールを遠くに投げることができるように練習しています。

　どんなことに注意をさせると、より遠くに投げさせることができると思いますか。

　考えられるだけ挙げてみてください。

　また、ボールを投げるのが苦手な子どもは、そのうち何がいちばんできていないのでしょうか。

> **問題15の解答**
>
> 　たとえば、次のようなことが考えられます。
> ① 投げる手と逆の足を1歩前に出して投げる。
> ② 腕を強く振る。
> ③ スナップをきかせる。
> ④ スピードをつけて投げる。
> ⑤ 投げるときに片足を上げる。
> ⑥ 耳の近くでボールを構える。
> ⑦ 足を開いて投げる。……など

さらに、その中でいちばんできていないのは、

投げる手と逆の足を1歩前に出して投げる

ということです。
　ともすると、右利きの場合、右足がボールを投げる右手といっしょに前に出てしまうというパターンが多いようです。そうではなく左足を1歩前に出して投げると、うまくいきます（利き手が左手の場合は逆）。

ボール投げの前にこの運動

　ボール投げの練習に入る前に次のような練習をひと通りやっておくと、上達が早くなります。
　あまり細かなことを気にせずに、楽しく行ってください。

1．両手ボールころがし

　両手でボールを持ち、両足を開いて、股の間から前に転がします。

2．ボーリングころがし

　足を前後に開き、片手でボールを転がします。
　右手投げなら左足が前になるようにする。このとき、左手はボールが落ちないようにボールを押さえます。なめらかな動きで投げられるようにしましょう。

3. 両手ボール投げ（下・上）

両手でボールを持ち、両足を開いて、股の間から相手の胸をめがけて投げます。

さらに、両手でボールを持ち、頭の後ろから頭上を通り、前方に投げます。サッカーのスローインの投げ方です。

4. 同時キャッチボール

大人と子どもがそれぞれドッジボールを持って向かい合います。タイミングを合わせて、同時に相手に投げて渡します。

空中でぶつからないようにしましょう。

ボール投げはここに注意する

　ドッジボールの投げ方には、上から、横から、下からなどがありますが、多用する上からの投げ方を練習していきましょう。
　説明は右利きの場合でしますので、左利きの子のときはすべて逆で考えてください。

> ① 左足を前にして、足を前後に開く。目はボールを投げる場所を見る。
> ② ボールを右の耳につけるように構えて、左手はボールを前から支える。
> ③ 右手でボールを前に押し出すように右腕を前に振る。このとき右肩を前に入れる。
> ④ 右腕をしっかり伸ばしながら手首を返す。

　右手（左手）で投げるときは、左足（右足）を前に踏み出すこととボールを両手で耳の横で支えるのがポイントです。

※ドッジボールの１号ボールで練習しましょう。

② ボール受けがうまくなるポイント

　子どもにとって、ドッジボールを受ける経験は非常に少ないものです。

　ドッジボールのゲームをしても投げるのが主となります。

　味方が投げたボールを受けるのも、たくさん投げたいのですから、ボール受けというよりもボールの争奪です。

　コートの中の子はボールに当たらないように逃げます。

　ボールを取ってもよいのですが、そんな子は投げるのも受けるのも上手な、自信のある子です。

　投げることばかりでなく、受けることも意識的に練習しないといつまでたっても上達しません。

問題16 ボールを受けるときの構えは腕は伸ばしたほうがよいか、曲げたほうがよいか

ドッジボールを受けよう（取ろう）として構えたとき、両腕は伸ばしたほうがよいですか、それとも曲げたままがよいですか。

A　腕を伸ばして構える　　　　B　腕を曲げて構える

問題16の解答

A「腕を伸ばして構える」です。

　これは実際にやってみるとよくわかるでしょう。
　もちろん、「腕を伸ばして構える」のであって、腕を伸ばして取るのではありませんよ。それこそ無理というものです。
　ボールを受け取るときには、ボールが来るほうに腕を伸ばして構えます。
　そして、ボールが手の平に当たった瞬間、ボールの勢いを殺す(消す)ように胸の前に引いてくるのです。

ボールの勢いを消す

　これがボール受けのポイントです。
　最初から腕を曲げたまま受けようとすると、ボールの勢いを消すことができないので、強いボールだと胸に当たって跳ね返ってしまいます。
　つまり、強いボールほど両腕をしっかり前に出して、胸に届くまでに勢いを消す動きをしなくてはならないのです。

これで強いボールも受け取れる

ボールを受け取るには次のことに注意して練習しましょう。

ボールを受け取るときの手の形

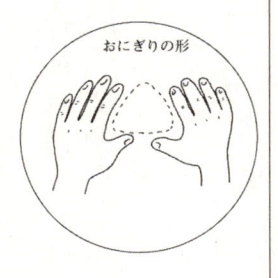

おにぎりの形

① ボールを投げるときと同じように足を前後に開く。
② ボールが来る方向に手の平を向けて両腕を差し出す。
　親指と人差し指でおにぎりの形を作る。
　このとき軽く肘(ひじ)を曲げるが、ボールの強さによって調節する。
③ 飛んでくるボールから絶対に目を離さない。
④ 手にボールが触れた瞬間に手前に引き、胸の前で止める。胸に当てて止めてもよい。

　ボールを捕らえるときの手の構えも大切です。
　これがきちんとできていないと、すっぽ抜けたり、弾んだりしてうまく捕球できません。
　両手の平でボールの球面を作って待ち受け、そこにドッジボールがぴったり収まるようにするのがコツです。

次のような運動をして、ボールに慣れるようにしましょう。

1. 体のまわりを10回まわす。
　ボールが手になじむようになめらかにまわせるようにしましょう。

2. 上に高く投げて受ける。
　手の構えに注意して、ていねいに捕りましょう。

3. 上に投げて1回手を打って受ける。
　これができたら、手を打つ回数を増やしてみましょう。

ボール受け練習ステップ

いよいよボールを受け取る練習です。使うボールはドッジボールである必要はありません。むしろやわらかめのボールのほうが恐怖感がなく、手で持ちやすいのでよいでしょう。

---

① 転がされたボールを受ける。(3m)
② 地面（床）に１回バウンドされたボールを受ける。(3m)
③ 下手投げで投げられたボールを受ける。(3m)
④ 上手投げで山なりに投げられたボールを受ける。(3m)
⑤ 上手投げでゆっくりと投げられたボールを受ける。(5m)
⑥ 上手投げで投げられたボールを受ける。(5m)
⑦ 上手投げでやや強く投げられたボールを受ける。(8m)

※（　）内はすべて距離を示す。

③ ボール蹴りはこれでJリーグ級

　ボール蹴り遊びは子どもたちが大好きな遊びの1つです。

　体育でもサッカーは、誰でもとりあえずボールを蹴ることはできるので技能の差が目立たず、バスケットボールなどに比べると人気は高いようです。

　しかし、日常歩くか走ることにしか使わない足（脚）でボールを蹴ったり、ボールをコントロールすることは、ある程度の練習をしなくては思うようにはできません。

　やはり、どれだけ長くボールに接しているかという慣れの問題も大きいようです。

　ここではとりあえず、「ボールを蹴る」ということについて考えていきましょう。

　まずは問題です。

問題17 ボールを蹴るときの立ち足の位置はどこか

止まっているボールを蹴りたいと思います。

ボールのところに走り込んできてボールを蹴るとき、立ち足（軸足）はボールに対してどこに置くようにしたときが、最もよく蹴られるのでしょうか。

次の中から選んでください。

なお、立ち足とは、ボールを蹴る足ではないほうの足のことで、ボールを蹴ろうと片足立ちになった足です。

1 立ち足はボールの手前に置く

2 立ち足はボールの真横に置く

3 立ち足はボールより先に置く

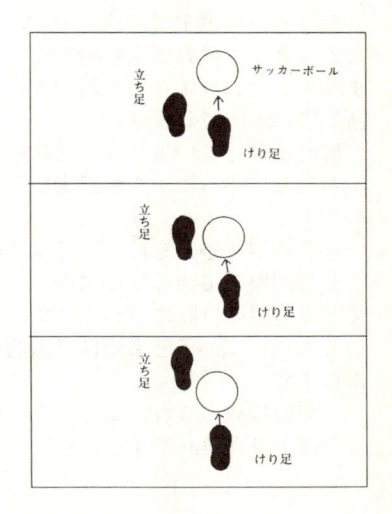

> **問題17の解答**
>
> **2**の「立ち足は
> ボールの真横に
> 置く」です。

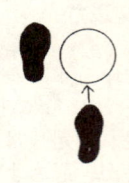

　ボールは誰でも蹴ることができます。

　ただし、ボールをまっすぐ飛ばせるとか、速いスピードで飛ばせるということとは別です。

　サッカーの選手でも我々でも、ボールを蹴るたびにどこに立って蹴ればよいかなんてことをいちいち考えません。というよりも一瞬のうちに立ち足の位置を判断しているのでしょう。

　何度か蹴っているうちにどこに立てば最もよくボールが飛んでいったかを無意識のうちに身につけているのです。

　ところが、子どもにとってはそのように試行錯誤しながら調整していくことは難しいのです。うまくできても立ち足の位置に気づくまでに時間がかかります。

　したがって、子どもには意識的に気づかせる必要があります。

　一方的に教えられたことより、自分で見つけ出したことはより理解しやすく、身につきやすいのです。

ボール蹴りはここに注意

　ボールを蹴る練習に使うボールは、空気を少しぬいたドッジボールがよいでしょう。
　ドッジボールの他にも、スポンジボールやゴムボールを使えば楽しく練習できます（コラムを参照）。
　ボール蹴り＝サッカー、だからといって最初からサッカーボールを使って練習しようとすると、初めての子どもには多くの弊害があります。サッカーボールを使う必要はありません。

　単にボールを蹴ることだけでなく、自由にボールコントロールができるように練習していきましょう。

1．マラソンドリブル
　足でボールをドリブルしながら、校庭や運動場をまわります。
　ボールを蹴るというよりも触るような感じでボールがいつも近くにあるようにしながら走ります。

2．まねっこドリブル
　お父さんがボールをドリブルして走る後を子どもが走ります。
　前の人の動きと自分のボールの動きの2つを見ていなくてはならないので、ぐんと難しくなります。

3. 立ち蹴り

立っているその場からボールを蹴ります。

右足で蹴るときは、ボールの左横に左足を置き、右足を後ろに引きます。

初めのうちは右足のつま先をボールの中心にゆっくりと当てて、ボールがまっすぐ転がるのを確かめます。

慣れてきたら足の甲をボールに当てて蹴るようにします。少しずつ蹴りを強くしていきましょう。

4. 走り込み蹴り

止まっているボールを2mほど離れたところから走り込んできて蹴ります。慣れないとどちらの足で蹴ってよいのかタイミングが取れませんから、次のようにします。

両足をそろえて立った状態から右足から踏み出して「1」、左足をボールの横に置いて「2」、右足でボールを蹴って「3」です。

「1、2、3！」と言いながら練習しましょう。

5. 蹴り足の後ろ振り上げ

今度はボールを遠くに飛ばしたり、強いシュートを蹴ったりしたいですね。

強くボールを蹴るコツは、

蹴り足の後ろ振り上げを大きくする

ことなのです。

ボールを遠くに投げるときに腕を後ろに大きく引く動作と同じです。

踵(かかと)を後ろに振り上げて、するどく振り下ろすような感じです。そのとき、立ち足の膝(ひざ)は軽く曲げ、両腕でバランスを取るようにします。

最後に、ボール蹴りのコツをまとめておきましょう。

① 立ち足はボールの横に置く。
② ボールの真ん中を足の甲で蹴る。
③ 蹴り足の後ろ振り上げを大きくしてから蹴る。

実際のサッカーでは、動いているボールに対して蹴りますから、より難しくなってきます。

COLUMN
小学校で使うボールあれこれ

小学校で使われているボールについて見てみよう。
ボール数も利用数も最も多いのは、やはりおなじみのドッジボールだ。
しかし、実は意外にさまざまなボールが使われているのである。
では、ボール裏話(?)を紹介しよう。

①ドッジボール

本来「ドッジボール」というゲームをするためのゴムボールだが、他のいろいろなボール運動や遊びにも使う。ポートボール、サッカーなど、何にでも使える万能のボールである。ボールのサイズは、1号から3号あたりがよく使われている。1号のほうが小さく、低学年の子ども向きだ。

価格は1200～1400円ほどである。

②バスケットボール

いうまでもなく、バスケットボールのゲームで使う。他に使い道がない。軽く、滑らない、安いという理由で小学校で使われているのはほとんどゴム製である。5～7号ボール(価格2500円前後)を使っている。クラスの児童1人1人が使えるだけの数がない場合も多い。

③サッカーボール

　最近はW杯やJリーグの影響か、子どもが個人で立派なボールを持っているので、学校でも見栄を張って(？)皮張りの高級ボールを何個か買っていたりする。しかし、数多くそろえているサッカーボールはゴム製である（価格2500円前後）。

　体育館で行うサッカー（サロンフットボール）専用のボール（価格4500円前後）もある。小さくて弾まないボールである。これも楽しい。

　「ソフトサッカーボール」(価格3500円前後)というスポンジ製のボールもある。これは低学年やボールを怖がる子に使わせるのは最適である。当たってもまったく痛くない。ボール投げにも大変よい。

④バレーボール

　小学校体育の種目にはバレーボールはないのに、なぜか体育倉庫のすみにあったりする。体育館を借りているママさんバレーの関係である。ボールが軽く扱いやすいので投げる運動によい。ドッジボールのゲームに使ったりもする。

　「ソフトバレーボール」(価格1000円

前後)というボールもある。普通のバレーボールより2回りも3回りも大きい。大きいのに薄いゴム製なので約150gと大変軽い。ボヨォ〜ン、ボヨォ〜ンと弾む楽しいボールだ。これでドッジボールをするとおもしろいので子どもにはバカウケである。家庭にも1つあると楽しい。

⑤ハンドベースボール
　ソフトボール

　中学年の「ハンドベースボール」や高学年の「ソフトボール」に使う。

　東京などでは狭い校庭が多く、このようなボールの出番は少ないようだ。校庭の端からボールを思いっ切り投げると反対の端に届くような場所では野球はつらい。

　ハンドベースボールは手で打つので、痛くないように工夫された小さなゴムボールだ。別に玩具店のボールでもよいのだが、一応専用ボールがあるのが泣かされる。

7日目

かけっこ1番の秘訣

　運動会の主役は、何と言っても「かけっこ」でしょう。
　運動会では「徒競走」という言い方をすることが多いですが、体育では「陸上運動」の中の「短距離走」です。最近の運動会では「短距離走」とか「○○メートル走」というようになってきました。
　名称はともかく、時代が変わっても親にとって、運動会でわが子が何着になるかが最も大きな関心事のようです。

① かけっこの常識のウソ

　かけっこで速く走るようにするためにはどうすればよいのでしょうか。
　昔からいろいろな指導がされてきたようです。

> **腕をしっかり振って走れ！**

> **ももを高く上げて走れ！**

> **前傾姿勢になって走れ！**

　もっともっとあります。
「走る」ということは最も基本的な運動だけに、何とかしてより速くなりたいという願望も強いようです。
　ところが、上記のようなことに気をつけても、突然速くなった人はいないようです。
　ただ、まったく効果がないわけではなく、基本のフォームがまったくできていない子にはかなり有効です。

走りの速い人は1歩が長い

次のような説があります。

足を動かす速さ（歩数、ピッチ）はほとんど変わらない

先ほど登場した「腕をしっかり振って走れ！」という指導は、腕の振りを速くさせると足もすばやく動かせるという効果をねらったものです。

しかし、「足を動かす速さは変わらない」という説にしたがうなら、有効な指導ではなくなります。腕をいくら振っても走るのは速くならないのです。

次のようなデータがあります。

速く走る人ほど、1歩の距離が長い

足を動かす速さが同じ選手たちが走ったなら、1歩当たりの距離が長い選手のほうが同じ時間内では遠くまで移動できます。

つまり、これが走るのが速いという状態なのです。

これで、速く走るようになるコツがわかりました。

歩幅（ストライド）を長くして走る

「走る1歩を長くする」なんてことが可能でしょうか。
　先ほど出てきた指導の言葉の中に次のようなものがありました。

ももを高く上げて走れ！

　これは、膝を高くすることで地面への蹴りを強くさせようとしているようです。
　地面を強く蹴れば、1歩の距離は長くなります。
　なかなかよさそうな指導に思えます。

　しかし、現実はなかなか思い通りにはいかないようですね。

「走る」という運動を変えていくことはかなり難しいことなのです。
　なぜなら、次のことが言えるからです。

「走る」という運動は、その子のもつ総合的な運動能力である。

　総合的な運動能力に左右されるものをすぐに変えようとするのは困難なわけです。

② かけっこで1番になる秘訣

　絶望的なことを最初に書きましたが、あきらめるのは早いですよ。

　走るのが遅い子の多くは、おかしな走りのフォームをしています。これを正しく直してやるだけでうんと違ってきます。

【正しい走りのフォーム】

前向きの姿勢を意識する　　　　　　　　　　前方をよく見て走る

しっかり地面をキックする

　前傾姿勢で、しっかり地面を蹴ります。

　あごを上げて走らないように注意してください。

　短距離走ではスタートも大切です。ピストルの音と同時にスタートできるように前足に体重をかけて構えるようにします。

　ゴールしてもイッキに10m先まで駆け抜けましょう。

走りを速くする秘密トレーニング

　これは公園や運動場で、お父さんやお母さんを相手に競走しながら練習する方法です。これを真剣に行えばかなり効果があるはずです。

【ハンディキャップ競走】

お父さんスタートライン　　子どもスタートライン　　ゴールライン

やり方は次の通りです。

> ① 大人と子どもとでゴール地点からスタート方向に向かって競走します。誰かに笛を鳴らしてもらって、そのときの位置で止まります。その位置をそれぞれのスタート位置とします。
> 大人は子どもより長い走路となり、ハンディがついているはずです。
> ② 次に、それぞれのスタート位置からゴールに向かって競走します。ゴール位置で接戦になるはずです。
> ③ 子どもが負けたら、大人のスタート位置をさらに少し遠くにし、ハンディを大きくします。
> ④ どちらが勝つかまったくわからない状態になるので大人も力いっぱい走るようになります。

　もっとも大人が先にへたばってしまい、子どもの練習にはならないかもしれませんね……。

資 料

本書の内容に関係する資料をいくつか集めてみました。参考にしてください。

すぐに役立つプリント資料
　　　なわとびカード①
　　　なわとびカード②
　　　なわとびカード③
　　　なわとびカード④（二重跳び専用）
　　　水泳カード

上達が早くなる教具
　　　【携帯用逆上がり練習具】
　　　【とびなわ】

プロの教師の指導法がわかるビデオテープ

すぐに役立つプリント資料

【なわとびカード①】

羽田小 なわとびがんばりカード　　　　年　組（　　　）

No	とびかた の なまえ	（正式名称）	10級	9級	8級	7級	6級	5級	4級	3級	2級	1級	初段	二段	名人	最高縄（回数）
1	まえまわしとび	（1跳躍前方1回旋跳び）	5	10	15	20	40	60	80	100	150	200	300	400	500	/
2	うしろまわしとび	（1跳躍後方1回旋跳び）	2	5	10	15	20	30	40	60	80	100	150	200	250	/
3	ケンケンとび	（前方左右交互一拍子跳び）		5	10	15	20	30	40	50	60	80				/
4	グーパーとび	（前方両足左右開閉跳び）		5	10	15	20	30	40	50	60	80				/
5	かけ足とび	（前方左右交互一拍子跳び）		5	10	15	20	30	40	50	60	80				/
6	あやとび	（前方1回旋跳びと交差跳び）			5	10	15	20	30	40	50	60	80			/
7	こうさとび	（前方正面交差跳び）				5	10	20	30	40	50	60	80			/
8	後ろあやとび	（後方正面一拍子跳び）					5	10	20	30	40	50	60	80		/
9	後ろあやとび	（後方1回旋跳びと交差跳び）					5	10	20	30	40	50	60	80		/
10	後ろこうさとび	（後方正面交差跳び）					5	10	20	30	40	50	60	80		/
11	そくしん跳び	（前方側回旋と交差跳び）					2	5	10	20	30	40	50	60	80	/
12	二重跳び	（1跳躍前方2回旋跳び）					2	5	10	20	30	40	50	60	80	/
13	二重跳び と 前回し跳び	※交互に繰り返し					2	5	10	20	30	40	50	60	80	/
14	はやぶさ	（1跳躍 前方1回旋跳びと交差跳び）					1	2	5	10	15	20	30	40	60	/
15	三重交差跳び	（1跳躍正面交差前方2回旋跳び）						1	2	5	10	15	20	30	40	/
16	後ろ二重跳び	（1跳躍後方2回旋跳び）						1	2	5	10	15	20	30	40	/
17	後ろはやぶさ	（1跳躍後方1回旋跳びと交差跳び）							1	2	5	10	15	20	30	/
18	後ろ二重交差跳び	（1跳躍正面交差後方2回旋跳び）								1	2	5	10	15	20	/
19	三重跳び	（1跳躍前方3回旋跳び）									1	2	5	10	15	/
20	返し跳び	※両腕左右振り上げ										1	2	5	10	/

★まい日すこしずつれんしゅうしましょう。　合格印　　/
★とんだ数までのマスをぬりましょう。　　　月　日　　/
★たてにぜんぶぬれたらその級が合格です。

大田区立羽田小学校　1995.12.1

【なわとびカード②】

なわとび級表A （改訂）　　　年　　組：なまえ

日本子どもチャレンジランキング連盟認定

	まえりょう足	まえかけ足	りょう足あや	かけ足あや	まえりょう足こうさ	かけ足こうさ	りょう足	うしろかけ足	うしろりょう足あや	うしろかけ足あや	うしろりょう足こうさ	うしろかけ足こうさ	二重跳び
20級	10	10					2	2					
19級	20	20	1				5	5	1				
18級	30	30	2	1			10	10	2	1			
17級	40	40	5	2			20	20	5	2			
16級	50	50	10	5	1		30	30	10	5			
15級	60	60	20	10	2	1	40	40	20	10			
14級	70	70	30	20	3	2	50	50	30	20	1		
13級	80	80	40	30	4	3	60	60	40	30	2	1	
12級	90	90	50	40	6	4	70	70	50	40	3	2	
11級	100	100	60	50	8	6	80	80	60	50	5	3	
10級	110	110	70	60	10	8	90	90	70	60	10	5	1
9級	120	120	80	70	15	10	100	100	80	70	15	10	2
8級	130	130	90	80	20	15	110	110	90	80	20	15	3
7級	140	140	100	90	25	20	120	120	100	90	25	20	4
6級	150	150	110	100	30	25	130	130	110	100	30	25	5
5級	160	160	120	110	35	30	140	140	120	110	35	30	6
4級	170	170	130	120	40	35	150	150	130	120	40	35	8
3級	180	180	140	130	45	40	160	160	140	130	45	40	10
2級	190	190	150	140	50	45	170	170	150	140	50	45	12
1級	200	200		150		50	180	180		150		50	15

できたらマスに色をぬりましょう

【なわとびカード③】
なわとび級表B （改訂）　　　年　　組：なまえ

日本子どもチャレンジランキング連盟認定

	前まわし				後まわし				前	後
	二重とび	二重あや	かけ足二重	交叉二重	二重とび	二重あや	かけ足二重	交叉二重	三重とび	三重とび
特1級	20	1			1					
特2級	25	2	1	1	2	1				
特3級	30	4	2	2	3	2	1			
特4級	35	6	4	4	5	3	2	1		
特5級	40	8	6	6	10	5	4	2		
特6級	45	10	8	8	15	10	6	3	1	
特7級	50	15	10	10	20	15	8	4	2	
特8級	55	20	15	15	25	20	10	5	3	1
特9級	60	25	20	20	30	25	15	6	4	2
特10級	65	30	25	25	40	30	20	8	6	3
初　段	70	35	30	30	50	35	25	10	8	4
二　段	75	40	35	35	60	40	30	15	10	6
三　段	80	45	40	40	70	45	35	20	15	8
四　段	90	50	45	45	80	50	40	25	20	10
五　段	100	60	50	50			50	30	30	15

できたらマスに色をぬりましょう

【なわとびカード④（二重跳び専用）】

二重まわし連続10回
チャレンジ・チェックカード　氏名（　　　　）

		正しい姿勢でできていますか	チャレンジ・チェックリスト	しるし ◎○△
一回とびチェック	全体の姿勢	正面／側面／基本にぎり	ロープの抜きは、丁度よいですか（身長プラス50〜20cm）	
			基本にぎりはできていますか	
			肩に力がはいったり、ひざがまがりすぎていませんか	
			視線は、いつもまっすぐ前をむいていますか	
			ジャンプは1cm以内ですか	
	なわの形（波形）		波の形はいつもE形お山形ですか	
	スピード	標準とび（1分間に120〜126のテンポ）	→30秒間続けてとべますか	
		速回しとび（1分間に200回のテンポ）	→10秒間続けてとべますか	
		ノーミスとび（1分間120回以上のテンポ）	→3分間続けてとべますか	
リズムチェック	立ったままリズム打ち	タン　タタ／タン　タタ（とびあがりません）	先生のタイコやタンバリンのタンがきこえたしゅんかんに、タ・タと2回手をうてますか（10回連続）	
			手をうったあと、すぐ手をはなしていますか	
	とび上がりリズム打ち	とびあがる高さは5〜10cm以内	先生のタイコやタンバリンのタンがきこえたしゅんかんにとびあがって、タ・タと2回、手をうてますか（10回連続）	
			着地の時、音がしないように静かに着けますか	
	とび上がりもも打ち	とびあがる高さは5〜10cm以内	先生のタイコやタンバリンのタンがきこえたしゅんかんにとびあがって、ももの外側をタ・タと2回手でうてますか（10回連続）	
			着地した時、手はもちろん少しはなれていますか	
ウルトラスーパーチェック	立ったまま床打ち	ひざでのクッション、とび上がりません	先生のタイコやタンバリンのタンがきこえたしゅんかんに、ウルトラスーパーとなわをタ・タと2回まわせますか（10回連続）	
	とび上がり床打ち	（とび上がる高さは5〜10cm以内）	先生のタイコやタンバリンのタンがきこえたしゅんかんに、ウルトラスーパーとびなわをタ・タと2回まわせますか（10回連続）（ウルトラスーパー二重まわし）	
	親指上下振	ア．ロープを背面においたままとび上がります。（ロープはまわしません）／イ．下りる時、タ・タのリズムで親指を、上下振させます。	手首をまわさずに、親指の上下振だけで、ウルトラスーパーとびなわの二重まわしができますか（10回連続）	
二重まわしチェック	とび二重まわし	●スーパーとびなわで二重まわしをします（1とび5,6回→二重まわし→1とび2回→二重まわし→1とび→二重まわし……）	1回まわしと二重まわしを交互にできますか（二重まわし3〜5回）	
	連続		連続二重まわしができますか（5回）	
	二重まわし	（いよいよ完成です）	左のようなよいフォームで二重まわしができますか（連続10回）	

【水泳カード】　　　　　　　　（東京都大田区立羽田小学校実物資料）

水泳がんばり表 （水泳技能検定基準表）

大田区立羽田小学校

1995.6改訂　大田区体育研究会

級別	内容	運動例・気をつけること	合格日
15級	水の中を歩いたり、走ったりできる。	電車ごっこ・鬼ごっこ・動物歩き（膝〜腰）	/
14級	水中で息をはくことができる。（腰くらいの深さ）	あわつくり遊び・水中ジャンプ	/
13級	水中で目を開けることができる。（腰〜胸くらいの深さ）	輪や棒をくぐる・水中じゃんけん・石ひろい	/
12級	友達や物につかまって浮くことができる。（5秒くらい）	友達・ビート板・ボール・かべなどにつかまる	/
11級	一人で浮くことができる。	クラゲ浮き・だるま浮き・ふし浮き	/
10級	けのびのびができる。	手、足をのばして3〜4m水中をすすむ	/
9級	5m泳ぐことができる。（泳法は自由）	5mラインからかって向かって泳ぐ	/
8級	10m泳ぐことができる。（泳法は自由）	かべをけってスタートしてもよい	/
7級	15m泳ぐことができる。（泳法は自由）	クロール型・平泳ぎ型・かべをけってスタート	/
6級	クロールや平泳ぎなどで25m泳げる。（泳法は自由）	水中からスタート・泳ぎながら呼吸する	/
5級	クロールか平泳ぎで25m泳げる。	水中からスタート・正しいクロールや平泳ぎで	/
4級	クロールと平泳ぎが25m泳げる。	水中からスタート・2種目とも正しく泳ぐ	/
3級	クロールか平泳ぎターンを入れて50m泳げる。	水中からスタート・2種目とも正しく泳ぐ	/
2級	クロールか平泳ぎターンを入れて100m泳げる。	水中からスタート・どちらの種目で	/
1級	クロールか平泳ぎターンを入れて200m泳げる。	水中からスタート・どちらかの種目で	/

> 上達が早くなる教具

【携帯用逆上がり練習具】

鉄棒くるりんベルト

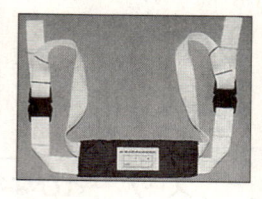

１本１８００円（税込・送料別）
《特長》① ポケットサイズの携帯性
　　　　② ワンタッチの使いよさ
　　　　③ 段階別練習で技能が上達
手軽に手に入る鉄棒用の補助具としてはベストです。
ポケットに入れてどこでも持って行けるのが強みです。

【申し込み・問い合せ先】

　東京教育技術研究所
　　〒１４２－００６４　東京都品川区旗の台２－４－１２
　　　　　　　　　　　TOSSビル
　TEL０３－３７８７－６５６４　FAX０３－５７０２－２３８４

次に紹介するのは、本書で示した「よいとびなわの条件」をすべて満たしたとびなわです。効果は全国各地で実証済みです。
　ぜひ手に入れて、使ってみてください。

【とびなわ】

スーパーとびなわ

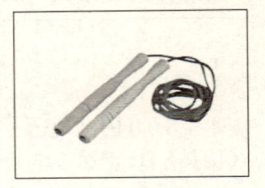

１本７００円（税込、送料別）
　　ロープの色……青・赤・緑・黄の４色
《特長》①　長くて握りやすいグリップ（長さ２１cmの木製）
　　　　②　中がつまったビニールロープ（直径４mmの太さ）
　　　　③　スムーズでなめらかな回転（ワッシャーを使用）
　　※グリップの長さが１６cmのものもあります。
　　ロープの色は黒のみで、愛称「くろおびくん」。
　　上級者や低学年児童などに最適です。

【申し込み・問い合せ先】

　東京教育技術研究所
　　〒１４２－００６４　東京都品川区旗の台２－４－１２
　　　　　　　　　　　ＴＯＳＳビル
　　ＴＥＬ０３－３７８７－６５６４　　ＦＡＸ０３－５７０２－２３８４

プロの教師の指導法がわかるビデオテープ

　以下に紹介したビデオテープは教師向けの指導法解説ビデオですが、直接子どもに見せても十分役立ちます。

　むしろ、映像を見せるほうが何倍も効果があります。本書で用いた指導法を開発した本人が説明していますので、よくわかります。

教育技術法則化ビデオシリーズ

①『開脚跳びは誰でも跳ばせられる』（25分）
②『さか上がりは誰でもできる』（28分）
③『側方倒立回転は誰でもできる』（20分）
④『腕立て閉脚跳びは誰でもできる』（20分）

各巻指導マニュアル付きで11,214円(税込、送料別)

【申し込み・問い合せ先】

　（株）安井電子出版
　　〒104-0032　東京都中央区八丁堀4-5-11
　　　　　　　　第二伊信ビル
　　TEL03-3553-6021　FAX03-3553-7300

おわりに

一人でも多くの子が
体育好きになることを願って——

運動のできない子をできるようにする

　このことは、できる子をもっと上手にすることの何倍もの努力が必要です。しかし、私が教師になったばかりの頃はこうした意識はあまりありませんでした。
　ある日、本屋さんの棚をながめていると、『跳び箱は誰でも跳ばせられる』（向山洋一著）という本が目に飛び込んできました。ずいぶんなまいきな書名です。しかし、何か引っかかるものがあって買ってしまいました。200ページ以上の厚い本の中で跳ばせる技術に関する記載はわずか1ページほどです。ヒドイ本だと憤りながら、クラスの跳べない子にその通りにやってみました。
　5分で跳べてしまいました。あっという間です。
　学生時代には器械体操部にいた私は信じられぬ思いでした。
　カルチャーショックです。それまで私には跳べない子を跳ばそうという発想はありませんでした。跳べて当たり前という感覚でした。

運動ができないのには原因がある

　それからは、その運動がなぜできないのかということ

にまず着目するようになりました。
　そうした中で、本書で紹介した「とびなわ」や「逆上がり補助具」なども生まれてきたのです。
　本書で紹介した練習方法はあくまで1つのやり方です。
　どこかにもっとよい方法があるに違いありません。ご存じであれば、ぜひ、教えていただきたいと思います。機会があればそれを紹介していきたいと考えています。
　本書によって、1人でも体育の苦手な子がいなくなれば幸いです。

　TOSS（教育技術法則化運動）代表の向山洋一氏との出会いがなければ現在の自分は存在しませんでした。また、体育に関して、法則化体育授業研究会代表の根本正雄氏から多くのことがらを学ばさせていただきました。本書に紹介した指導方法の多くは根本氏の実践の産物です。感謝いたします。
　中央事務局、青年事務局、法則化体育授業研究会の方々、そして、編集を担当していただいた「どりむ社」の方々など、多くの仲間に支えられてきました。感謝いたします。

　　　　　　　　　　　　　　　　　　　下山真二

編者略歴
向山洋一（むこうやま よういち）
　1943年東京生まれ。東京学芸大学社会科卒業。現在、千葉大学講師。ＮＨＫ「クイズ面白ゼミナール」教科書問題作成委員に任じられるなど幅広い活動を行っている。ＴＯＳＳ（教育技術法則化運動）代表、全国エネルギー教育研究会座長、全国都市づくり教育研究会座長、上海師範大学客員教授、子どもチャレンジランキング連盟副代表、日本言語技術教育学会副会長、日本教育技術学会会長。また、月刊『教室ツーウェイ』（明治図書）編集長、『教育トークライン』『ジュニア・ボランティア教育』誌（いずれも東京教育技術研究所）編集代表。著書に『授業の腕を上げる法則』『いじめの構造を破壊せよ』（以上、明治図書）、『学級崩壊からの生還』（扶桑社）、『向山式「勉強のコツ」がよくわかる本』（ＰＨＰ文庫）ほか多数。

著者略歴
下山真二（しもやま しんじ）
　1958年岡山県生まれ。東京学芸大学教育学部保健体育科専修卒業。現在、東京都大田区立羽田小学校教諭。小学校から高校まで器械体操部所属。大学から続けている少林寺拳法は五段。日本最大の教育研究団体ＴＯＳＳ（教育技術法則化運動）に参加し、「スーパーとびなわ」「くるりんベルト」等の体育教具を開発する。
著書に『小学校の「パソコン」がよくわかる本』『小学生のインターネットパーフェクトガイド』（以上、ＰＨＰ研究所）、『子どものための護身術』（高橋書店）、『「マウス」で学ぶはじめてのパソコン』（ＮＥＣメディアプロダクツ）などがある。

この作品は1996年5月、ＰＨＰ研究所より刊行されました。
なお、文庫化にあたり、若干の修正を施しました。

PHP文庫	「勉強のコツ」シリーズ
	小学校の「苦手な体育」を1週間で攻略する本

2002年9月4日　第1版第1刷

編　者　　向　山　洋　一
著　者　　下　山　真　二
発行者　　江　口　克　彦
発行所　　PHP研究所
東京本部　〒102-8331 千代田区三番町3番地10
　　　　　　文庫出版部　☎03-3239-6259
　　　　　　普及一部　　☎03-3239-6233
京都本部　〒601-8411 京都市南区西九条北ノ内町11
PHP INTERFACE　http://www.php.co.jp/
印刷所
製本所　　図書印刷株式会社

©Shinji Shimoyama 2002 Printed in Japan
落丁・乱丁本は送料弊所負担にてお取り替えいたします。
ISBN4-569-57798-9

🌳 PHP文庫「勉コツ」シリーズ 🌳

中学校の「英語」を完全攻略

ストーリーとイラストで生きた英語が身につく！子どもの入試準備からビジネスマンの復習まで、親子で活用できる英語の基礎入門書。

本体552円

小学校の「算数」を五時間で攻略する本

小学校の算数は、どんな問題も「パターン」を知れば必ず解ける。解けた時の喜びを親と子どもで味わえる、苦手科目克服のヒントがいっぱい。

本体552円

小学校の「漢字」を五時間で攻略する本

漢字を覚える一番のコツは、まず「楽しむこと」。パズルやクイズを楽しみながら解くことで、漢字一〇〇六文字をらくらくマスターできる本。

本体552円

苦手な「作文」がミルミルうまくなる本

文章力向上にはポイントがある。作文指導の達人がそのノウハウを大公開。学ぶたびに自分の文章がどんどん上達するのが実感できる一冊。

本体571円

向山式「勉強のコツ」がよくわかる本

塾に通わせるばかりが能じゃない。この「教え方のコツ」さえ知れれば、あなたはもう一流の先生だ。家庭学習の効果的方法を紹介した決定版。

本体533円

本広告の価格は消費税抜きです。また、定価は将来、改定されることがあります。別途消費税が加算されます。